STEFANIE RISSE

ITALIEN

Von Götterwelten
und Totenreichen

Goldmann Verlag

Herausgegeben von Wulfing von Rohr

Originalausgabe

Umwelthinweis:
Alle bedruckten Materialien dieses Taschenbuchs
sind chlorfrei und umweltschonend.

Der Goldmann Verlag
ist ein Unternehmen der Verlagsgruppe Bertelsmann

Umschlaggestaltung: Design Team München
Umschlagphotos: Bruno Genzler
Kartographie: Astrid Fischer, München
Belichtung: Compusatz, München
Druck: Presse-Druck Augsburg
Verlagsnummer: 13022
Redaktion: Dieter Löbbert
Ba · Herstellung: Sebastian Strohmaier
Made in Germany
ISBN 3-442-13022-0

10 9 8 7 6 5 4 3 2 1

MAGISCH REISEN

Mit dem Herzen die Welt erleben und zu sich selbst finden

Erholungsreisen, Bildungsreisen, Abenteuerreisen – es gibt viele unterschiedliche Wünsche und Erwartungen rund ums Reisen. In einer Zeit des Umbruchs, in der fast jedes Ziel auf unserem Erdball Reisenden zugänglich ist, in der es kaum noch geographisch weiße Flecken gibt, kann Reisen jedoch einen neuen Sinn gewinnen. Die Faszination der Begegnung mit anderen Ländern, Menschen und Kulturen liegt nicht mehr nur im vordergründigen Erleben der Exotik des Andersseins, sondern darin, was wir über uns selbst und über unser gemeinsames menschliches, kulturelles, religiöses Erbe erfahren. **MAGISCH REISEN** ist die Aufforderung zum Reisen in fremde Länder, als blicke man in einen Spiegel der eigenen Seele.
Die Idee für die Reihe **MAGISCH REISEN** stammt vom bekannten Fachbuchautor, Astrologen, Mythenforscher, Journalisten und Dramaturgen Bernd A. Mertz. Er, der Goldmann Verlag und der Herausgeber legen eine in sich geschlossene Reihe vor, die allerdings der Einzigartigkeit von Land, Themenkreis und Autor/in immer individuellen Spielraum öffnet.

MAGISCH REISEN, das heißt anders reisen: Orte der Kraft und heilige Stätten erleben, Göttern und Heiligen, Urgestalten und Heroen begegnen und die Welt der Mythen und Märchen, der Sagen und Fabeln betreten.

MAGISCH REISEN heißt auch anders lesen: mit Verstand und Herz, mit Gefühl und Seele in Geschichte und Geschichten, in Stimmungen und Landschaften, in geistige Botschaften und heilige Energien eintauchen, äußere Reisen zu inneren Erfahrungen machen, im Geiste in ferne Gefilde entschweben, ohne den Fuß vor die Türe zu setzen.

MAGISCH REISEN möchte die Leser/innen dazu inspirieren, das Leben als die magische Reise zum eigenen Sinn zu erfahren, auf deren Wegstrecke die äußeren Reisen in immer wieder neue Winkel unserer alten Mutter Erde auch immer wieder neue Anstöße zur bewußten Lebensreise sind.

Der Herausgeber

Man sagt, die Götter seien unsterblich.
Das ist nicht wahr.
Unvergänglich sind allein die Orte ihrer Verehrung.

Vittorio Dini

Inhaltsverzeichnis

SIZILIEN

APULIEN

Vorwort

Von Norden nach Süden den »Stiefel« herab – wie viele haben diese Reise bereits vor mir angetreten, immer auf der Suche nach dem Neuen, Unbekannten – und vor allem auch nach dem Unbekannten der eigenen Seele!

Speziell wir Deutsche haben in Italien immer schon das gesucht – und auch gefunden –, dessen wir zu Hause entbehrten: gottbegnadete Natur, süße Früchte, strahlende Sonne und eine Lebendigkeit und Leichtigkeit des Seins, aus der Großes und Größtes hervorgehen.

Gleichzeitig bedeutet eine Italienreise im klassischen Sinne eine Suche nach den Ursprüngen der eigenen Kultur, nach den eigenen Wurzeln im Umfeld einer alten und noch immer gelebten Geschichte, in der der Faden zu den Göttern nie abriß.

Natürlich ist es nicht möglich, alle »magischen Orte« Italiens aufzulisten. Schon ihre Bestimmung unterliegt subjektiven Kriterien. Für mich sind Orte »magisch«, wenn sie eine besondere Nähe und Verbindung »zum Göttlichen« – in jedweder Form – aufweisen. Diese Nähe läßt sich nicht wissenschaftlich beschreiben oder mit objektiven Kriterien messen. Sie ist zu spüren, zu fühlen, wenn man sich mit *allen* Sinnen auf den Ort einläßt. Und mit *allen* Sinnen meine ich durchaus: mit mehr als den fünf bekannten.

Meist sind es Orte, die sich durch irgendwelche natürliche Besonderheiten auszeichnen, durch die sie bereits in lang zurückliegenden Zeiten als Stätten vorchristlicher Kulte auserwählt wurden. Höhen und Höhlen, Feuer und Wasser sind die Charakteristika, die sie prägen. Sie unterliegen dem ewigen Wechsel von Leben und Tod. Und wo es um Leben und Tod geht, da ist das Göttliche nah.

Ich möchte im vorliegenden Band weitgehend den Stationen der »klassischen« Italienreise folgen.

Sie führte im allgemeinen über Venedig und Florenz durch Umbrien nach Rom und dann noch weiter in den Süden, auf den Spuren der griechischen Antike, nach Sizilien. In Apulien, dem Land Friedrichs II., soll meine Reise enden. (Die Toskana wird nicht wegen ihres Mangels an magischen Orten ausgespart, sondern allein deshalb, weil ihr bereits ein gesonderter Band gewidmet wurde.)

Abweichungen von der Route sind mir Prinzip – nicht nur geographische »Seitensprünge«, sondern auch im Hinblick auf die traditionelle Art der Betrachtung. Informationen, die in jedem beliebigen Führer oder Prospekt vor Ort nachzulesen sind, habe ich nur insoweit erwähnt, als sie dem Leser zur Orientierung dienen können. Dazu gehören alle historischen und kunsthistorischen Daten. Weiterhin habe ich versucht, magische Orte aus verschiedenen Zeiten und Kulturen – prähistorischen, etruskischen, griechischen, römischen, bäuerlichen und städtischen, christlichen und jüdischen – ausfindig zu machen, um neben ihren Besonderheiten jene überkulturellen Gemeinsamkeiten aufzuspüren, die *allen* Völkern *aller* Zeiten eigen sind, wenn es um das Verhältnis des Menschen zu Leben und Tod oder um jenes zu den Göttern geht. Gemeinsamkeiten, die sich nicht zuletzt in der Wahl der »magischen« Orte ausdrücken, die ihre Ausstrahlung über die wechselnden Zeiten hinweg bewahren konnten.

Venedig

Traumstadt

»Wenn man über Nacht das Unvergleichliche, das märchenhaft Abweichende zu erreichen wünschte, wohin ging man?«

Thomas Mann, »Tod in Venedig«

Venedig läßt sich wirklich nicht mit einer anderen Stadt vergleichen. Andere Städte sind Orte der grauen Realität, des hektischen Alltags, die den Zwängen der Arbeit und der Reproduktion, des Konsums unterliegen. Obwohl dies alles auch von Venedig gesagt werden kann, ist es zugleich viel mehr, und zwar das genaue Gegenteil, die Antithese zur These Stadt: schwankendes Traumland, ruhende Schönheit, Ort der Stille und des wogenden Treibens, der gedämpften und der geschärften Wahrnehmung. Stadt der Verführung: Eine Ahnung von anderem, besserem Leben liegt über allem. Zeit, alles neu zu überdenken – hier, jetzt, im Bewußtsein der Vergänglichkeit. Ewig stirbt die Stadt und bleibt sich doch immer gleich. Das menschliche Leben ist kurz.

Schwankendes Traumland

Nicht nur der Boden ist unsicher, so nahtlos gehen Straßen in Kanäle, Brücken in Schiffe über – auch die Wege sind ungewiß. Keine Logik, nur traumwandlerische Sicherheit erschließt einem das Gewirr der Straßen und Gassen, die alle überallhin führen oder abrupt enden. Spaziergänge sind endlos, alles gleicht sich und ist doch einzig: die prächtigen Paläste am Canal Grande, wo einst die Aristokratie und das vom Handel reich gewordene Bürgertum residierten; die kleinen Plätze, die sich unvermittelt vor Kirchen, um alte Brunnen oder Marktstände auftun; die zahllosen steilen Brücken, unter denen die Gondeln und *Vaporetto*-Schiffe passieren; der abgeblätterte Putz der verblichen-bunten Fassaden, auf denen die Lichtreflexe des Wassers tanzen; alles eingehüllt in den leichten Modergeruch der Zeit wie in jenen der Feuchtigkeit, des Wassers . . .

Selbst die Sprache ist hier eine andere. Der breite Dialekt der Venezianer gleicht einer Geheimsprache, dazu geschaffen, Fremde auszuschließen. Nur in Venedig heißt eine Straße nicht *strada* oder *via*, sondern wie im Spanischen *calle*, der Platz ist nicht die *piazza*, sonder der *campo*, was eigentlich »Feld« bedeutet.

Venedig ist gefährlich!

In Venedig gehört das ziellose Herumstreifen dazu, bietet das »Sich-Verlaufen« die beste Garantie, die Stadt wirklich zu erfahren, zu erfühlen, mit allen Sinnen. Doch Vorsicht, Venedig ist gefährlich!

»Wir werden verführt von einem leichten Rausch, lebendig, unbewußt, unbeständig und sind bereit, ohne auch nur zweimal nachzudenken, uns ins Abenteuer zu stürzen, von dem wir nicht wissen, wie es enden wird, noch warum wir es tun: Kinder der Phantasie und des Übermuts . . . gehorchen wir dem Instinkt, geben wir allen Impulsen des Momentes nach . . . und kommen doch niemals unserer natürlichen Bestimmung näher.«

So beschrieb der französische Intellektuelle Philippe Monnier um die Jahrhundertwende die Wirkung der Stadt auf sein Innerstes. Venedig als Therapie? Als Möglichkeit, Distanz zu gewinnen, als Voraussetzung für Veränderung des eigenen Ich? Ja, das könnte schon gut möglich sein.

Ankommen in Venedig

Die »klassische« Art, sich der Lagunenstadt zu nähern, ist natürlich der Seeweg. Erst hinter der langgezogenen Badeinsel, dem Lido, kommt die der Meerseite zugewandte Silhouette der Stadt zum Vorschein. Plötzlich, aus dem Nichts, ist sie da, in all ihrer Vollkommenheit, der seit Jahrhunderten nichts mehr hinzuzufügen war. Aus dem Meer gewachsen, blieb Venedig dem unsicheren Grund verhaftet, dehnte sich in die Breite; nur der Glockenturm von San Marco reckt sich imposant dem Himmel entgegen. Das Anlegen des Schiffs vor dem Markusplatz bedeutet das unmittelbare Eintreten in den Glanz und die Atmosphäre dieser »anderen Welt«. Noch einmal Thomas Mann, der Aschenbachs Ankunft im »Tod in Venedig« eindrucksvoll beschreibt: »So sah er ihn denn wieder, den erstaunlichsten Landungsplatz, jene blendende Komposition phantastischen Bauwerks, welche die Republik den ehrfürchtigen Blicken nahender Seefahrer entgegenstellte: die leichte Herrlichkeit des Palastes und die Seufzerbrücke, die Säulen mit Löw' und Heiligem am Ufer, die prunkend vortretende Flanke des Märchentempels, den Durchblick auf Tempel und Riesenuhr, und anschauend bedachte er, daß zu Lande, auf dem Bahnhof in Venedig anlangen, einen Palast durch eine Hintertür betreten heiße, und daß man nicht anders als wie nun er, als zu Schiffe, als über das hohe Meer die unwahrscheinlichste aller Städte erreichen sollte.«

Eintritt in eine »andere Welt«

Die vier Kilometer lange Brücke, die Venedig heute mit Mestre und dem Festland verbindet, wurde schließlich erst in der Mitte des letzten Jahrhunderts von den Österreichern erbaut: Bis dahin war Venedig eine wirkliche Insel gewesen.

Doch auch nach dem Eintritt durch die »Hintertür«, den Bahnhof Santa Lucia, bleibt der erste Eindruck unvergeßlich. Statt des gewohnten Verkehrslärms vor den Bahnhofsportalen herrscht Ruhe; unterhalb der breiten Treppe liegt der Canal Grande. Noch könnte es sich um irgendeine Stadt an einem Fluß handeln, doch schon schwankt der Boden: Die hölzerne Bootsanlegestelle, auf der ich auf das *Vaporetto* der Linie 1 warte, das mich zum Markusplatz bringen soll, treibt auf dem Wasser. Alle zehn Minuten kommt ein Boot, der Verkehr fließt im wahrsten Sinne des Wortes. Es ist Winter, aber die Sonne scheint: Die Einheimischen gehen selbstverständlich in den geschützten Passagierraum, nur ich, die einzige Touristin, setze mich auf eine der freien Bänke, ganz nach vorn. Alles will ich sehen, und das *Vaporetto* ist ein gemütliches Fortbewegungsmittel. Pendelnd von einer Kanalseite zur anderen, passiert es die prächtigste Wasserstraße der Welt, fast vier Kilometer gesäumt von marmornen Palazzi des hohen Mittelalters und der Renaissance; ein jeder ruhend auf Hunderten von Pfählen, die tief in den sandigen Grund gerammt wurden, um das Fundament zu schaffen. Riesige Wälder tragen die Stadt.

Stadt, getragen von riesigen Wäldern

Was damals möglich war, scheint heute unmöglich zu sein: Vor den aufwendigen Restaurierungen schreckt man zurück, viele Gebäude sind offensichtlich nicht mehr bewohnt. Doch stolz verziert, mit Wappen geschmückt, erstrahlen sie noch immer in diesem unglaublichen Licht, das die Augen blendet. Und zu ihren nassen Füßen spielt sich, nach wie vor, das Leben ab.

Etwa auf halber Strecke, nach fast halbstündiger Fahrt, unterfahren wir die Rialtobrücke, berühmteste Brücke Venedigs und zugleich Mittelpunkt seines älteren Stadtteils, Rialto. Die Brücke, die vor genau 400 Jahren in einem einzigen Bogenwurf errichtet wurde, ist fast 50 Meter lang und immerhin

22 Meter breit und hat sich, wie der Ponte Vecchio von Florenz, im Laufe der Zeit zu einer belebten »Geschäftsstraße« entwickelt.

Obwohl inzwischen durchgefroren, lasse ich mir weiter den Fahrtwind um die Ohren wehen, atme seinen Duft, schaue rechts und links, jeder Blick ein »Motiv«, das es verdient, beschrieben, gemalt, fotografiert zu werden – und schon vorbei.

Vorm Markusplatz weitet sich der Kanal, trifft auf jenen der langgestreckten Giudecca-Insel, und meine Fahrt endet hier, beim ehemaligen Herrscherhaus, dem Dogenpalast. Unter seiner windgeschützten Loggia genieße ich erst einmal auf einer steinernen Bank die wärmenden Strahlen der Sonne und das bunte Treiben vor meinen Augen. Hier, wo sich die Gondeln so friedlich, fast schläfrig, auf dem Wasser wiegen, war einst der große Handelshafen der Stadt. Vor tausend Jahren schon löschten hier die Schiffe ihre Waren aus dem nahen und fernen Orient: Der Handel mit Sklaven (von: Slawen) und Pfeffer machte die Stadt reich. Noch heute heißt die Hafenmauer »Riva degli Schiavoni« (Sklavenufer).

San Marco und San Teodoro

Über allem wehte das Banner des heiligen Markus: In seinem Namen gelangte Venedig zur Unabhängigkeit, zu Reichtum und Macht; wurde zur *Serenissima*, der »heitersten« unter den Städten und Republiken. San Marco war weit mehr als ein einfacher Schutzpatron. Seine Geschichte ist untrennbar mit der Venedigs verbunden, ja, in gewisser Weise ist es *eine* Geschichte.

Ein Blick in die Höhe führt zurück: Auf der dem Meer zugewandten Südseite erheben sich zwei stattliche, aus einem Stück gehauene Säulen. Wer von der

Meerseite her kam, mußte sie zwangsläufig passieren. Zwischen ihnen, dort, wo heute ein altes Weiblein Maiskörner für die Tauben anbietet, wurden einst die aufsehenerregenden Todesurteile vollstreckt. Die rechte Säule trägt den geflügelten Löwen, das Zeichen des Heiligen, das bald zum Wahrzeichen der Stadt wurde. Doch was wenige nur wissen: Erst war der Löwe da, dann folgte das Symbol. Im 12. oder 13. Jahrhundert hatten venezianische Seefahrer die Säulen von einer ihrer erfolgreichen »Handelsreisen« aus dem Orient mitgebracht. Das Tier, eher eine Chimäre, ein schrecklich grinsendes Monster, wurde kurzerhand umfunktionalisiert: Zum stolzen Löwen erklärt, bot es sich als Symbol für den Heiligen an. Man mußte ihn nur noch spirituell erhöhen und ihm das Buch des Evangelisten zwischen die Pranken legen. (Das Buch wurde in Kriegszeiten geschlossen, in Friedenszeiten offen dargestellt und zeigt die ersten Worte, mit denen der Engel des Herrn dem bei Rialto gestrandeten Markus seine Bestimmung verkündete: »Pax tibi Marce, evangelista meus« – Friede dir, Markus, mein Evangelist.)

Der Stadtheilige und sein Symbol

Der Markuslöwe beeindruckte mehr als eine »normale« Heiligendarstellung, wie sie auf der gegenüberstehenden Säule zu sehen ist. Bei der schmächtigen Gestalt, die immerhin anscheinend gerade einen Drachen erlegt zu haben scheint, handelt es sich um San Teodoro, eine byzantinische Heiligenfigur, an die man sich heute kaum noch erinnert. Dabei war der heilige Theodorus der ursprüngliche Schutzpatron der Stadt. Seine Kirche stand hier auf dem Markusplatz, lange bevor dieser so hieß. Nur war er eben ein byzantinischer Heiliger und damit Vertreter der östlichen Fremdherrschaft. Das wurde ihm zum Verhängnis: Nachdem die Venezianer im Jahr 828 ihre »eigene« Reliquie des

Evangelisten Markus aus Alexandria mitgebracht hatten, brauchte die Stadt ihren alten Patron nicht mehr. Markus, der in der Hierarchie der Heiligen viel höher stand, verschaffte den Venezianern das nötige Selbstvertrauen, um sich von Byzanz zu emanzipieren. Der teuren Reliquie baute man direkt neben dem Dogenpalast ein Heiligtum, in dem die Gebeine an unbekannter Stelle (man fürchtete, sie wieder abgenommen zu bekommen) beigesetzt wurden. Nachdem die Kapelle im Jahr 976 bis auf die Fundamente abgebrannt war, galt die Reliquie für fast ein Jahrtausend als verloren; auf wunderbare Weise wurde sie jedoch wiedergefunden und öffentlich »gehoben«, das heißt zur Schau gestellt. Die Kirche entstand, größer und prächtiger als zuvor, neu, und die kostbaren Gebeine verschwanden abermals – ihr genaues Versteck blieb streng geheim. So geheim, daß bald niemand mehr wußte, wo in der Kirche man zu suchen hätte. Das war aber auch gar nicht so wichtig, sondern allein die Tatsache zählte, daß Markus Venedig beschützte und die offensive Macht der Stadt legitimierte. Außerdem wurde er im Laufe der Jahrhunderte sowieso nahezu allgegenwärtig, denn in jeder Kirche, an sämtlichen öffentlichen Gebäuden prangte sein Bildnis oder sein Symbol, der geflügelte Löwe; die venezianischen Schiffe fuhren unter seiner Flagge. Venedig – »die Tauben laufen, die Löwen fliegen« (Jean Cocteau), und so ist es bis heute: Über der »Porta della Carta«, dem Haupteingang des Dogenpalastes, kniet der venezianische Doge demütig vor dem kräftigen Tier, das souverän auf mich – das Volk – herabschaut.

»Die Tauben laufen, die Löwen fliegen«

Die Markuskirche hat fünf Kuppeln und fünf Portale; über dem mittleren treffe ich den Löwen schon wieder, unter der Statue des Evangelisten. Immer wieder erzählen die Mosaikbilder, die nicht nur das Kircheninnere, sondern auch den äußeren Narthex

Hochaltar der Basilica di San Marco

schmücken, die Geschichte der *Translatio*, der glorreichen Überführung der Reliquie durch die Venezianer Rustico und Buono, von Alexandria nach Venedig. Der Legende nach sollen sie einen schlauen, wenngleich leicht makabren Trick angewendet haben: Sie versteckten die etwa 700 Jahre alten Gebeine des Heiligen in einem Korb voll Schweinefleisch, das die Mohammedaner zu eklig fanden, um darin herumzuwühlen.

Das Kircheninnere, das seit der Einweihung im Jahr 1094 ständig bereichert wurde, ist unbeschreiblich. Hugh Honour nannte es den »düster-eindrucksvollsten Raum der ganzen Christenheit«, womit er wohl recht hatte: Zwar fällt durch die vielen Fenster der Kuppeln aus allen Winkeln das Licht ein, doch immer nur gerade so viel, daß die Pracht der Mosaiken, die sich über die Böden ziehen wie Teppiche und die Wände des Kirchenschiffs zu einem einzigen Schmuck werden lassen, gedämpft hervorgehoben werden. Die Gebeine des Heiligen ruhen heute unter dem Hochaltar im Presbyterium. Vier byzantinische Figurensäulen aus dem 5./6. Jahrhundert sowie ein Wärter schützen und bewachen sie: sich ihnen zu nähern, kostet Eintritt. Dafür kann man dann auch den wertvollsten Schatz der Kirche, die »Pala d'Oro«, bewundern: Das goldene Altarbild ist eine Fleißarbeit des venezianischen Goldschmieds Boninsegna aus dem Jahr 1345 und gilt als das Meisterwerk gotischer Goldschmiedekunst. Die Emaillearbeiten, die sie umrahmen, sind oftmals noch älter. Im Mittelpunkt thront der byzantinische Christos Pantokrator, der auch segnend aus der Kuppel herabblickt. Die geradezu rührend naive Darstellung der Reliquienüberführung auf hoher See stammt aus dem 12. Jahrhundert, aus einer Zeit, in der die Reliquie – wir erinnern uns – ja bereits wieder »verschollen« war.

Die »Pala d'Oro«

Erst im Jahr 1811 wurden die Gebeine in einer Wand der Krypta wiedergefunden. Gemeinsam mit einem Bleitäfelchen, das das Datum der Kircheneinweihung von 1094 enthielt, waren sie seinerzeit dort eingemauert worden. So mußten etwa 1700 Jahre vergehen, bis der Heilige seine »letzte Ruhestätte« bekommen sollte. Sicherlich zu spät, um sein Grab zu einer Wallfahrtsstätte machen zu können: Ich sehe dort keinen Gläubigen beten.

Die in Andacht versunkenen Gläubigen finde ich in der seitlichen Isidorkapelle, die eigentlich für Touristen nicht auf dem Programm steht – eine Kirche in der Kirche. In den wenigen Bänken knien im stillen Gebet Menschen, die ein Anliegen haben. Hier spüre ich es, das unsichtbare Band, das der Mensch in flüchtigen Momenten mit dem Göttlichen knüpft. Hier störe ich und auch wieder nicht, denn niemand bemerkt meine Anwesenheit. Die Darstellungen aus dem Leben des heiligen Isidor an den Wänden sind archaisch grob; ein schrecklicher Satan wird mir im Gedächtnis bleiben. Wer ist dieser Isidor, dessen Reliquie die Venezianer im 12. Jahrhundert von einer griechischen Insel mitbrachten? Und warum beten sie heute noch ausgerechnet zu ihm?

Des Rätsels Lösung meine ich gefunden zu haben, als ich ein paar Tage später einen alten Plan des Markusplatzes aus der Zeit um das Jahr 1000 zu Gesicht bekomme: Die Kapelle des Isidor nimmt ziemlich genau den Platz der ehemaligen Kirche des Theodorus, des ursprünglichen Schutzpatrons der Stadt, ein. Sollte sich hier wieder einmal die These bewahrheitet haben, daß die Weihe des geheiligten Ortes seine Gottheit – hier: seinen Heiligen – überdauert?

Das jüdische Getto

Ein besonderes Kapitel der Stadtgeschichte

Vom Gotteshaus zur Synagoge ist es in Venedig nur ein Sprung. Die Geschichte der Juden in dieser Stadt ist ein Kapitel, das Beachtung verdient, denn nirgendwo sonst hat sich ein Getto so vollständig erhalten können, und nirgendwo sonst kann man einen so sinnlichen Eindruck erlangen von der Lebenswelt der jüdischen Gemeinde, früher wie heute.

Ich sitze auf dem »Campo del Ghetto«, dem Platz, um den sich seit dem Jahr 1516 die Häuser aller jüdischen Bewohner scharten – scharen mußten. Am Anfang waren es um die 700, Italiener und Deutsche. Die Gemeinde wuchs schnell, auch ließen sich viele spanische Juden bald hier nieder. Im 17. Jahrhundert soll die Bevölkerung des Gettos auf 5000 Menschen angestiegen sein: Die Häuser wurden aufgestockt, man rückte noch enger zusammen, und doch reichte das von Kanälen umflossene Inselchen im Nordwesten der Stadt bald nicht mehr aus. Ein weiterer Teil

Fünf Fenster einer Synagoge am »Campo del Ghetto Nuovo«

Venedigs wurde jüdisch: die südlich sich anschließende Gegend um die »alte« Gießerei. Aus dem venezianischen Wort für »Gießerei« – *getto* – entstand jener Begriff für Judenviertel, wie wir ihn kennen. Hier in Venedig hat er noch seine alte Bedeutung, weshalb die älteste jüdische Siedlung um den Campo noch immer »Neues Getto«, die etwa 30 Jahre spätere Erweiterung hingegen »Altes Getto« heißt. In der Folgezeit entstanden Gettos in vielen italienischen und europäischen Städten – die kontrollierte Zusammenfassung und Aussonderung der Juden war eine realistische Möglichkeit, die uralten Berührungsängste der Christen mit den Juden in den Griff zu bekommen. Andererseits brauchte man sie, denn nur bei ihnen konnte man auf finanzielle Hilfe hoffen, da den Christen jegliche Geldgeschäfte verboten waren. Diese Haßliebe schlug infolgedessen immer wieder in Aggression um. Obwohl die Mehrheit der Juden arm war und von einfachem Handwerk lebte, gab es Neid und Mißgunst unter den christlichen Bürgern, und wiederholt kam es zu Ausschreitungen. Da war es vielleicht nicht die schlechteste Lösung, wenn abends bei Sonnenuntergang die Brücken, die das Getto mit dem Rest der Stadt verbanden, bewacht und kontrolliert wurden. Bis Sonnenaufgang durfte niemand mehr passieren, weder in die eine noch in die andere Richtung. Die Einschränkung der Bewegungsfreiheit bedeutete für die Juden andererseits auch einen gewissen Schutz vor Überfällen. Das Getto bot ihnen Sicherheit und wurde ihnen Heimat: Wenn sie schon in einer ihnen – mehr oder weniger – feindlichen Welt leben mußten, dann wenigstens gemeinsam, als Gemeinde, mit eigener Synagoge, eigenen Geschäften, eigenem Friedhof. Hier im Getto konnte wieder das entstehen, was dem Volk seit seiner Vertreibung aus Jerusalem und der Zerstörung des Tempels im Jahr 70 n. Chr. genommen worden war: jüdisches Leben, jüdischer Kult, jüdische Kultur.

Schutz vor einer feindlichen Welt

Jetzt ist es still auf dem »Campo del Ghetto«; es ist noch früh am Tag und recht frisch. Vereinzelt überquert jemand eiligen Schrittes den Platz. Im Altenheim auf der Nordseite verbringen ein paar betagte Juden und Jüdinnen ihren Lebensabend, ab und zu zeigt sich jemand am Fenster. In »David's Shop« an der anderen Ecke warten jüdische Souvenirs »made in Ghetto« auf amerikanische Kundschaft; daneben werden jüdische Kultgegenstände, Postkarten und Broschüren angeboten.

Die Bronzegüsse an der Mauer links vom Heim zeigen Greueltaten, die in unserem Jahrhundert auch an den venezianischen Juden begangen wurden. Wenige haben überlebt, aber die wenigen halten zusammen: etwa 600 in der ganzen Stadt. Zehn jüdische Familien wohnen heute noch im Getto, die anderen leben irgendwo in der Stadt verteilt. Das

Getto ist jedoch weiterhin kulturelles und religiöses, auch soziales Zentrum der venezianischen Juden geblieben.

Eine kleine Brücke führt in das »alte« Getto, das sich im wesentlichen an der nach ihm benannten Gasse »Ghetto Vecchio« entlangzieht. Die Marmortafeln mit den Straßen- und Platznamen sind alle fast bis zur Unleserlichkeit zerstört – zerstört worden? In einem ebenso dunklen wie engen Seitengäßchen, der Calle dell'Orto, hat sich eine jüdische Familie hinter einer hohen, mit Glasscherben bewehrten Mauer verschanzt. »Es wird wieder schlimmer«, bestätigt die nette Frau im zweiten »jüdischen Laden« meine vorsichtig geäußerte Vermutung über wachsenden Antisemitismus. Dann erklärt sie mir geduldig die kleinen Objekte, die unter ihrem gläsernen Ladentisch ausgestellt sind und sämtlich zum Alltag oder, eher noch, zum Festtag einer jüdischen Familie gehören.

Schulen und Synagogen

Ein Stück weiter stoße ich auf den »Campiello delle Scuole« mit der Levantinischen und der Spanischen Schule. Die reiche Spanische Schule ist wahrscheinlich die einzige Synagoge überhaupt, die seit ihrer Einweihung vor fast 450 Jahren ununterbrochen besucht wird. Hier widmet man sich noch immer dem frommen Studium der alten Schriften und dem Gebet, was für die Juden ein und dasselbe bedeutet: Die Thora, das geschriebene Wort Gottes, zu studieren, ein ganzes Leben lang, ist ihnen höchste Form des Gottesdienstes. Deshalb heißen die Synagogen auch Schulen.

Am Campo gibt es weitere drei: die Italienische, die Kantonsche und die Große Deutsche Schule. Wer nichts davon weiß, wird sie nicht entdecken, denn sie unterscheiden sich lediglich durch ein einziges äußeres Merkmal von den ärmlichen Behausungen in ihrer Nachbarschaft: die fünf hohen Rundbogenfenster im oberen Stockwerk. Im Gegensatz zu den Kirchen blenden die Synagogen nicht durch äußeren Schein. Schlicht – vielleicht auch, um Provokation zu vermeiden – fügen sie sich in die Häuserreihen ein. Alle drei Synagogen hier am Platz werden nicht mehr genutzt und können besichtigt werden. Die älteste ist die Deutsche Schule über dem »Museo Ebraico«, von hier nehmen auch die stündlichen Führungen ihren Anfang. Während ich darauf warte, schaue ich mir die Ausstellungsstücke des Museums an. Es sind fast ausschließlich kultische Gegenstände des 17. und des 18. Jahrhunderts. Der eigentliche rituelle Mittelpunkt, die Thora, darf selbst nicht gezeigt werden. Zu sehen sind deshalb lediglich die für einen menschlichen Kopf zu weiten, silbernen Kronen, die der Gesetzesrolle aufgesetzt werden, und die kostbaren Mäntel, in die sie gewickelt wird. Krone und Mantel lassen sich auch in einen »Thiq«, einen fest gearbeiteten, rollenförmigen Schrein, umwandeln, der ebenfalls höchste Bewunderung verdient. Zwei Fialen in Form von Granatäpfeln – archaischen Symbolen der Fruchtbarkeit – werden daraufgestellt, bevor die Thora wieder in der »Heiligen Arche« verschwindet. All die kostbaren Dinge tragen die Namen ihrer Spender, die auf diese Weise ein Stück Geschichte der Juden Venedigs verkörpern. Während die Wohlhabenderen unter ihnen die besten Handwerker und Künstler der Stadt mit solchen Arbeiten beauftragten, arbeiteten arme und bessergestellte jüdische Frauen mitunter persönlich ihr Leben lang an der Bereicherung der Innenausstattung »ihrer« Synagoge. Was sie schufen, kann man im hinteren Raum der Ausstellung betrachten: Tücher und Vorhänge für die Heilige Arche, auf denen in akribisch feiner Stickarbeit Motive des Alten Testaments dargestellt sind. Eine doppelt schwere Aufgabe, wenn man bedenkt, daß den Juden die

Im »Hebräischen Museum«

Darstellung alles Göttlichen, aber auch die bildliche Wiedergabe des Menschen selbst, untersagt ist. Neben manueller Geschicklichkeit war eine gewisse Schläue vonnöten, um das Verbot zu umgehen und dennoch dem Betrachter eine Szene zu verdeutlichen: etwa in der eleganten Lösung des Vorhangs, der zeigt, wie Moses seinem Volk in der Wüste eine Quelle entspringen läßt – das »Volk« verbirgt sich in den Zelten, die in zwei Reihen dicht an dicht aufgeschlagen sind. Aus dem vordersten Zelt wird eine Hand sichtbar, die mit einer Kelle Wasser schöpft – als einziger Körperteil, dessen Abbildung erlaubt ist. Und so begegnet man beim genauen Umherschauen immer wieder dem Motiv, beispielsweise im Fall der kleinen »Lesehilfen«: kleiner Stäbchen, an deren Ende ein Händchen mit ausgestrecktem Zeigefinger die Zeilen begleitet, die der Rabbi aus der Thora verliest.

Eine Synagoge in Venedig

Da ich noch nie in einer Synagoge war, warte ich voller Ungeduld auf den Rundgang. Treffpunkt ist der Eingang des Museums, wo sich inzwischen noch zwei amerikanische Studentinnen eingefunden haben. Eine einheimische Kommilitonin führt, auf englisch. Und wieder geht es die Treppe hoch, diesmal an den Ausstellungsräumen vorbei in den zweiten Stock. Der Kontrast zwischen dem bescheidenen Treppenhaus und dem üppigen Innern der Synagoge könnte wohl kaum größer sein. Wir betreten einen hohen, ovalen Raum in Gold und rotem Plüsch, der mich mit seiner durchgehenden Galerie spontan an ein Theater erinnert.

Vielleicht ist der Gedanke gar nicht so absurd, denn der Begriff »Synagoge« stammt aus dem Griechischen und bedeutet »Versammlung«: Gemeindehaus, Schulaula, Gebetshaus – die Synagoge ist alles zugleich. Nur die Männer hatten ihre Bänke am zugewiesenen Platz, die Frauen und Kinder saßen als stille Beobachter des Geschehens oben. In den Bänken waren einst die privaten Gebetbücher untergebracht, in denen am Sabbat gelesen wurde. So strikt ist das jüdische Arbeitsverbot am siebten Wochentag, daß selbst das Mitbringen der Bücher als Arbeit gilt (das Gesetz untersagt es, etwas aus dem privaten Bereich in einen öffentlichen zu tragen).

»Sechs Tage sollst du arbeiten und all dein Werk tun; aber der siebente Tag ist ein Ruhetag, dem Herrn, deinem Gott, geweiht.« Die Notwendigkeit eines Tages der Besinnung zur psychischen wie physischen Regeneration des Menschen hat sich inzwischen allgemein durchsetzen können. Wenige wissen, daß der Sabbat in diesem Zusammenhang die älteste Regelung darstellt; unser »Sonntag« geht auf den vorchristlichen Sonnenkult zurück und wurde von den Christen als »Tag des Herrn« – *dies dominica* –, an dem zwar der Gottesdienst Pflicht, das Arbeiten aber keinesfalls verboten war, übernommen. Erst allmählich ordneten römische Kaiser Arbeitsverbote an und folgten damit dem Beispiel des jüdischen Sabbat.

An den Schmalseiten des Raumes stehen sich die Heilige Arche *(Arón)* und die Kanzel *(Bimàh)* gegenüber. Sie stammen aus der Hochphase des Barock, dem mittleren 17. Jahrhundert, wie die Inschrift an der Arche, die den Rabbi Menache Cividale nennt, belegt. An den Fest- und Sabbattagen entnahm der Rabbi die heilige Gesetzesrolle der Arche, trug sie zur Kanzel, wo er sie nach genau vorgeschriebenem Ritual öffnete und zitierte. Das Studium der Thora bedeutet, wissen zu wollen, wie man leben muß. Hans Küng schreibt in seinem dicken Buch über das »Judentum«, daß es der jüdischen Religion weniger um die »richtige Lehre« (Ortho-doxie) als um das »richtige Leben« (Ortho-praxie) geht; daß der jüdische Glaube – im Gegensatz zum christlichen – lebensnah, lebensbejahend, ja freudvoll sei. Das fällt mir nun wieder ein, als ich in diesem geplüschten und getäfelten Gotteshaus stehe: Welcher mir bekannte Gemeindesaal, welche mir bekannte Schulaula, welche Kirche käme dem Menschen so weit entgegen, was seinem Bedürfnis nach Wärme und Behaglichkeit angeht?

Der jüdische Friedhof

Älter als das Getto ist der jüdische Friedhof auf dem Lido, dem schmalen Landstreifen, der sich schützend zwischen Venedig und das offene Meer schiebt. Denn natürlich gab es Juden auch schon vor der Gründung des Gettos; zwar waren ihnen Grundbesitz und das Wohnen in der Stadt verboten, jedoch wurden die Gesetze im alltäglichen Leben oftmals nicht so streng befolgt. Seit dem 11. Jahrhundert sind

Der jüdische Friedhof auf dem Lido

jüdische Familien als Anwohner der Lagune verbürgt, höchstwahrscheinlich lebten sie aber bereits viel länger dort: etwa auf der Insel Giudecca, deren Namen sich vielleicht auf sie bezieht, aber auch in Mestre.

Das Haus des Lebens

Erst gegen Ende des 14. Jahrhunderts wurde den Juden ein Stückchen Land für ihre Toten zugestanden – gewiß nicht zufällig zum gleichen Zeitpunkt, als die ersten Geldverleiher aus Mestre nach Venedig gerufen werden mußten, um die Wirtschaft in Gang zu halten. Kaum gab es den Friedhof, mußte er auch schon Schändungen hinnehmen: Es sah sich nämlich, wie alte Dokumente belegen, ein gewisser Salomon, der die jüdischen Bewohner der Lagune vertrat, gezwungen, im Jahr 1389 beim Magistrat einen Schutz des Friedhofs zu beantragen. Von da an umschloß eine hohe Mauer das Gelände, und ein Wächter wurde abgestellt. Die Benediktinermönche, deren Kloster San Nicolò bis heute an den Friedhof grenzt, verlangten eine Pachtgebühr, die jährlich zu entrichten war und sich im Lauf der Zeit parallel mit der Erweiterung des Friedhofsareals erhöhte. Die Pachtverträge wurden immer nur auf 29 Jahre abgeschlossen; niemals konnten die Juden ihren Friedhof wirklich erwerben, denn das sie betreffende Verbot jeglichen Immobilienbesitzes bezog auch die bloße Erde mit ein.

Immerhin verfügten sie hier über Jahrhunderte hinweg über einen nur ihnen zugänglichen Ort, an dem sie ihre Toten, einzeln und familienweise, bestatten konnten. Auf hebräisch nannten sie ihn *Beith hajjijm*, was zu, *bed-a-haim*, *bedehaim* wurde: Haus des Lebens. Immer wieder nannten Juden in ihren Testamenten als letzten Wunsch, hier begraben zu werden. Der Weg der Gondeln des Trauerzugs war genau vorgeschrieben. Mindestens zehn Trauernde mußten dem Verstorbenen das letzte Geleit geben.

Der jüdische Friedhof auf dem Lido – Detail

In der Mitte des 17. Jahrhunderts wurde die Strecke geändert, weil von der Ponte San Pietro di Castello immer wieder Schmutz auf die schwimmende Trauergemeinde geschmissen worden war.

Während der französischen Besatzung wurden die Friedhofsmauern dann demoliert, aus Verteidigungsgründen. Der Friedhof wurde wenig später durch einen neuen ersetzt, der auf demselben Gelände weiter landeinwärts liegt.

Von San Marco fährt die Linie 6 zum Lido, umrundet die Insel San Giorgio Maggiore in weitem Bogen und läßt Venedig zu einem stetig sich verringernden Streifen werden, aus dem vereinzelte Türme hervorragen. Von der Piazzale Santa Maria Elisabetta aus folge ich der im Winter verlassenen Küstenstraße, an der sich Ferienvillen vergangener Tage reihen. Zwei Kanäle kreuzen meinen Weg, noch ein Stück, dann bin ich angelangt: So klein ist er, der alte Friedhof, daß ich es zunächst gar nicht glauben

Ein Gottesacker, der in Vergessenheit geriet

kann. Dicht bei dicht stehen und lehnen helle Grabplatten, überwuchert und umrankt, von hohen Bäumen überschattet. Ihre Inschriften vermag ich nicht zu entschlüsseln, ihre Symbole nicht zu deuten: Löwen und Adler, Schlösser und Türme, die auf die Familien oder ihre Herkunft hinweisen. Juden aus ganz Europa, welche die Wirren der Geschichte und des Schicksals in Venedig zusammengeführt hat, liegen hier begraben. Ihre Namen: Abendana, Bellios, Caravaglio, Fonseca, Habibn Jesurum, Ruzo, Valenzin. Im Jahr 1631, in dem die Pest über Venedig hereinbrach, mußte ein Sammelgrab »Hebrei 1631« ausgehoben werden. Seit dem 17. Jahrhundert gibt es Sarkophage: tragbare – mobile – letzte Ruhestätten aus der Erkenntnis heraus, daß dem auserwählten Volk auf Erden kein bleibender Ort vorbehalten war?

»Worte des Toten
Vier Arme voll Erde auf diesem Fleck
als Besitz für die Ewigkeit
erwarb man für Giuda Leone aus Modena.
Sei gnädig mit ihm, o Herr, und gib ihm Frieden.
Er starb am Sabbat 27 Adar 5408.«

Giuda Leone war ein großer Schriftgelehrter des 17. Jahrhunderts, an dessen Unterricht in der italienischen Schule des Gettos auch viele Christen teilnahmen. Eine seine begabtesten Schülerinnen hieß Sara Coio Sullam. Sie führte einen angesehenen literarischen Salon, der das kulturelle Leben der Stadt mit prägte – auch sie liegt hier begraben.

Ein Friedhof – viele Geschichten, eine Geschichte –, der in Vergessenheit geriet, überwucherte, verwehte, versandete, nachdem die schützenden Mauern niedergerissenen worden waren. Erst gegen Ende des vergangenen Jahrhunderts begann man die Grabsteine, die hier und da aus der Erde lugten, zu bergen. Und erst in diesem Jahrhundert wurden sie systematisch zusammengetragen und in die alten Mauern des ersten Friedhofs zurückgebracht.

Karneval

»Das Leben in Venedig, in seiner einfachen Alltäglichkeit, hat etwas Irreales, Magisches, das so weit geht, daß man sich fragt, ob wir selber nicht dabei sind, uns in imaginäre Persönlichkeiten zu verwandeln, die vollkommen verschieden von uns sind.«

Henri de Regnier, französischer Romancier der Jahrhundertwende, brachte es auf den Punkt: Diese Stadt und das Leben in ihr drängen geradezu zum Karneval, als habe er immer schon immanent existiert. Das Fest der Masken und der Verkleidungen ist natürlich nicht auf Venedig beschränkt, und man kann nicht einmal sagen, daß es hier seinen Ursprung habe. Aber nirgendwo auf der Welt ist die Idee des Karnevals so eng mit seiner eigentlichen archaischen Bedeutung geblieben: der des Todes (der Aufgabe des eigenen Ich) und der Neugeburt (des Annehmens einer neuen Identität).

Eine andere Identität annehmen

Das Wort »Maske« kommt vom germanischen *maska* und bezeichnet tatsächlich den Toten, das Wesen aus der Unterwelt. Bei den vorchristlichen Fruchtbarkeitskulten spielten die Masken, die Wesen der Unterwelt, eine zentrale Rolle. Denn sie waren es, welche die Saat, die bei ihnen unter der Erde ruhte, bewachten. Die ersten Masken stehen in engem Bezug zum Fruchtbarkeitskult: Sie sind nicht Symbol für die Toten, *sie sind die Toten*. Im vorgeschichtlichen Denken waren die Dinge unmittelbar das, was sie waren – nirgends kann man das deutlicher sehen als am Bedeutungswandel des lateinischen Wortes *persona*, das ursprünglich die Maske bezeichnete.

Schon lange bevor der eigentliche Karneval beginnt, stößt man in Venedig immer wieder und überall auf die Masken, und das nicht nur an den Aushängen der Souvenirläden, wo sie in allen Größen und Formen feilgeboten werden. Sie sind zu einer Art geflügeltem Löwen geworden in dieser Stadt, aus der der Karneval nicht mehr wegzudenken ist. Zwar war seine jahrhundertelange Tradition im Lauf des letzten Jahrhunderts fast abgerissen, doch es bedurfte nur eines kleinen Anstoßes, um sie wieder zu voller Blüte zu bringen. Der soziale und kulturelle Kontext hat sich geändert, und natürlich avancierte der Karneval inzwischen auch zu einer touristischen Attraktion. Das macht nichts; geblieben ist die Bereitschaft der Bewohner und der Besucher der Stadt, sich einzulassen auf das tolle Treiben, auf »die verkehrte Welt«.

Die Stadt als Theaterkulisse

Die Stadt verkörpert hierbei mehr als lediglich einen pittoresken Hintergrund – sie ist wirkliche Theaterkulisse, denn ihre Plätze und Gassen werden zu Bühnen, auf denen ein Stück aufgeführt wird, bei dem jeder mitspielen kann. Die besondere Wirkung entsteht durch das bunte und bizarre Durcheinander der Masken und Kostüme – genau wie die Wirkung der Stadt sich auch nicht aus einzelnen überragenden Monumenten, sondern aus dem Zusammenspiel all ihrer Elemente, ihrer Farben, Gerüche und Klänge ergibt. Außerdem, um bei dieser Parallele zu bleiben, hat Venedig in gewisser Weise als Stadt selbst »eine Maske angelegt«: Seine Bauweise ist leicht, die gotischen Fassaden am Canal Grande, verdoppelt durch die Spiegelungen im Wasser, täuschen eine Großartigkeit vor, der die »Substanz« der Gebäude nicht entspricht: Was zählt, ist der Schein – die Maske wird in Venedig zur Wahrheit.

Baútta und verschiedene Masken

Gegen Abend wird es immer voller auf den *campi, calli e rii* – den Plätzen, Straßen und Kanälen. Groteske Gestalten flanieren selbstbewußt neben den »normalen« Bürgern, die versuchen, sich raschen Schrittes ihren Weg zu bahnen, und seltener werden, je mehr ich mich dem Zentrum des Festes, dem Markusplatz, nähere. Und je vereinzelter sie auftauchen, desto komischer wirken sie – fast, als seien *sie* die Verkleideten. Kein Wunder, daß sie riskieren, vom Harlekin auf den Arm genommen zu werden. Wer sich ärgert, gibt sich der Lächerlichkeit preis. Auf der Piazza wird Musik gemacht, Feuerschlucker sind am Werk. Horden Jugendlicher ziehen albernd umher. Man zeigt sich, schaut sich die anderen an und benimmt sich hinter dem sicheren Schutz der Maskierung ausgelassener und frecher als sonst. Jugendliche, die sich gegenseitig ihre Gesichter »geschminkt« haben, ziehen in Gruppen von einer Attraktion zur anderen. Die meisten Verkleidungen sind phantastische Improvisationen, andere begnügen sich dagegen mit Augenmaske und Kappe; aber auch die traditionellen, klassischen Kostüme haben sich noch erhalten. Da ist zunächst natürlich der Harlekin. Kein anderes Kostüm verpflichtet so wie dieses zu auffälligem Gehabe: Ein Harlekin muß ständig hüpfen, springen, lautlos in Bewegung sein. Seine schwarze Maske hatte ursprünglich teuflische Züge und zwei kleine Hörner. Das Gewand besteht aus Flicken, einst aus flatterndem Blatt- und Blütenwerk. »Alichino« heißt einer der Teufel in Dantes »Inferno«. Vielleicht kommt der Name vom englischen »hellecin« – Höllenwesen: Der da aus der Hölle kommt, ist ein dämonischer Spaßmacher. Erst im 16. Jahrhundert, als die »Commedia dell'Arte« sich seiner Figur bemächtigt, wird sie zu jenem chronischen Unglücksvogel, über den man so gerne lacht.

Harlekin, Pulcinella und Baútta

Auch die Figur der Pulcinella läßt sich auf vorchristliche Kulte zurückführen. Zwar stellt sie im Theater einen armen Bauern dar, der nur durch seinen ungeheuren Ideenreichtum überleben kann, das weiße Kostüm jedoch und auch das schrille Gegakker seiner Stimme (*pulcino* = Küken) versinnbildlichten einst die Seelen der Verstorbenen.

Das venezianischste aller Kostüme jedoch ist die Baútta, die auch heute noch gerne angelegt wird. Sie besteht aus der weißen, fast viereckigen Maske, die sich unter der hervortretenden Nase öffnet, so daß der Mund darunter frei und gleichzeitig verborgen bleibt. Ein schwarzer Dreispitz und Schleier bilden einen fast erschreckenden Kontrast zum Weiß des bodenlangen Gewandes, das nur die Hände frei läßt. Die Baútta war früher sozusagen die Alltags-Verkleidung der Venezianer, von der sie auch nach den Feiertagen nur widerstrebend abließen. Die Lust am Sich-Verkleiden war so groß, daß sie von der Obrigkeit sogar verboten werden mußte: Die ersten Gesetze diesbezüglich stammen aus dem Jahr 1339, knapp drei Jahrhunderte später 1608, wurden sie weiter verschärft: Bei Zuwiderhandlung wanderte man von nun an für zwei Jahre in die Kerkerhaft. Die Baútta jedoch blieb immer eine Ausnahme, sie durfte zwar nicht das ganze Jahr über, aber doch auch zu bestimmten Zeiten außerhalb des Karnevals getragen werden. Und sie scheint mir auch in unserer Zeit am besten von allen Kostümen hierher zu passen.

In all dem bunten Treiben kann man sich ganz gut vorstellen, wie es hier im Mittelalter oder auch noch bis vor 200, 300 Jahren ausgesehen haben mag.

Eine Orgie, vom Volk selbst inszeniert

Der venezianische Karneval war eine Orgie, eine rasende Abfolge von Volksbelustigungen, die das Volk selbst inszenierte. Hinzu kamen aufsehenerregende *spettacoli* wie die obligatorische Darbietung des todesmutigen Seiltänzers, der über ein straff gespanntes Drahtseil vom Hafen bis zur Spitze des Glockenturms und von dort wieder seilab zur Tribüne des Dogen balancierte, um ihm zu huldigen. Ochsen wurden über den Markusplatz getrieben und mußten von den jungen Männern zum Beweis ihres Mutes mit bloßen Händen eingefangen werden, bevor sie anschließend von ihren Schlächtern öffentlich »enthauptet« wurden.

Die Dogen liebten den Karneval. Zwar entglitten ihnen für zwei Wochen die Zügel, doch das nahmen sie gerne in Kauf, wenn sie den Rest des Jahres auf folgsame Untertanen zählen konnten. Und dies war dann auch meistens der Fall. Der Karneval, das war die »verkehrte Welt, ein kleiner irdischer Vorschuß auf die ausgleichende Gerechtigkeit des Jüngsten Tages. Nicht der Doge, sondern der *re di carnevale* – König des Karnevals –, ein Mann aus dem Volk, hatte nun das Sagen. Alle waren gleich: Frauen und Männer, Arme und Reiche, Bürger und Adlige unterschieden sich äußerlich durch nichts mehr. Das Spiel gefiel nicht nur dem Volk; auch die reichen Bürger und Adligen genossen die Freiheit, die ihnen die Anonymität der Verkleidung gewährte.

Karneval in Venedig ist der richtige Zeitpunkt am richtigen Ort, um sein eigenes Gehäuse zu verlassen und es einen Moment lang von außen zu betrachten, sich ganz dem Augenblick der befreiten Identität hinzugeben, eine Ahnung zu spüren von dem kollektiven Rausch der Selbstauflösung, den der »Karneval« in seiner Urform bedeutet.

Umbrien

Assisi – Stadt und Stätten des heiligen Franziskus

Giovanni di Pietro Bernardoni, besser bekannt als San Francesco oder einfach Franz von Assisi: Ungezählt sind die Orte, an denen der Heilige seine Spuren hinterlassen hat, war er doch sein Leben lang unterwegs.

Doch kein Ort ist wie Assisi in seiner Gesamtheit von der Verehrung des ersten Bettelbruders geprägt. In rosasteinerner Schönheit präsentiert sich das Städtchen, leicht erhöht, auf den Ausläufern des Monte Subasio, so daß man es schon von weitem deutlich ausmachen kann. Der Konvent mit den beiden San-Francesco-Kirchen scheint geradezu aus dem Berg herauszuwachsen. Die Neugier ist sofort geweckt. Doch sosehr es mich auch bergauf zieht – erste obligatorische Station für Assisi-Reisende, die den Spuren des Heiligen folgen, ist die Porziuncola-Kapelle, die heute von der riesigen Basilika, Santa Maria degli Angeli, umfangen wird.

Denn hier ist der Ort, an dem alles anfing.

Porziuncola

Santa Maria degli Angeli kann man nicht übersehen. Noch ragt die Kuppel der Basilika am Fuße des Monte Subasio aus der Ebene von Assisi empor, und wenn man von Südwesten kommt, liegt sie direkt an der Straße. An Sonn- und Feiertagen herrscht im ganzen Ort, der den Namen der Basilika trägt, ein Höchstmaß an pilgerndem Tourismus. Busse aus allen italienischen Regionen fahren vor, Autos kurven auf der Suche nach Parkplätzen herum, und hübsche Stickereien wehen an den Ständen vor der Kirche im Wind.

Ich trete ein. Zunächst einmal beeindruckt die Basilika allein durch ihre Größe, die noch augenfälliger in Erscheinung tritt, wenn man die in ihrem Zentrum original erhaltene Porziuncola-Kapelle entdeckt. So klein und so geschmückt, erinnert sie an ein Pfefferkuchenhäuschen.

Das Symbol der Armutsbewegung

Es heißt, die Kapelle sei von Gläubigen geschaffen worden, die hier Reliquien aus dem Heiligen Land aufbewahren wollten. Sicher ist, daß sie bereits im 6. Jahrhundert im Besitz der Benediktinermönche des Monte Subasio war, die – gemäß ihrem Auftrag *ora et labora* (bete und arbeite) – in jener Zeit damit beschäftigt waren, die sumpfige Ebene urbar zu machen. Wochentags bietet sich vielleicht die Gelegenheit, eine freie Gebetsbank zu erwischen und die Atmosphäre der Kapelle in Ruhe auf sich wirken zu lassen. Heute aber ist Sonntag, und ich darf mich nur in den Menschenstrom einreihen, der durch das schwere alte Holzportal hinein- und zur Seitentür wieder hinausgeleitet wird; nicht einmal zu einem kurzen Verweilen vor dem Altar verbleibt Zeit. So drehe ich die Runde ein zweites Mal. Das, was mir am deutlichsten in Erinnerung geblieben ist, sind nicht die golden hervorstechenden Altarfresken aus dem 14. Jahrhundert, und auch vom wunderschön gemusterten Steinfußboden sehe ich im Gedränge nichts – es sind die betenden Menschen in den schmalen Bänken zur Rechten und zur Linken, die ich nicht vergessen werde: Wie abwesend, entrückt oder auch in Tränen zerfließend, schluchzend, sitzen

Rechte Seite: Kirche in der Kirche: Porziuncola

sie da, als seien sie allein hier in der Kapelle, und irgendwie sind sie es auch . . . junge und alte Menschen, ein japanisches Vater-Tochter-Paar, fromme Brüder im leise murmelnden Gebet. Mir fällt ein, was ich in Simone Weils Autobiographie gelesen habe: daß es hier war, wo sie zum erstenmal in ihrem Leben vom Bedürfnis überwältigt wurde, auf die Knie zu fallen. Zweifellos verströmt die Kapelle, deren steinerne Wände im Lauf der Jahrhunderte schwarz wurden vom Kerzenrauch, noch immer eine starke Aura des Heiligen, die sich denen vermittelt, die hier innehalten.

Seinerzeit drohte die armselige, aus grobem Stein errichtete Kapelle einzustürzen, weshalb sie im Jahr 1210 dem jungen Francesco anvertraut wurde. Er setzte sie mit eigenen Händen instand. Nach und nach gesellten sich seine alten Freunde zu ihm, um als Brüder mit ihm zu leben: Frate Leone (Bruder Löwe), Masseo, Rufino und Angelo.

Die Porziuncola blieb das Symbol der Armutsbewegung, der Ort, von dem alles ausgegangen war und an den alle immer wieder zurückkehrten. Auch für den im wahrsten Sinne des Wortes »vogelfreien« Francesco verkörperte sie den einzigen festen Bezugspunkt. Seine von Jahr zu Jahr wachsende Anhängerschaft traf sich hier bald regelmäßig zu Pfingsten. Im Jahr 1221 sollen es 5000 gewesen sein, die aus ganz Europa zusammenkamen, um über eine »neue Regel« zu diskutieren. Francesco tat sich damit schwer, denn ihm genügte das Evangelium, das er wörtlich nahm, als Maßgabe vollkommen:

»Geht zu den verlorenen Schafen des Hauses Israel. Und auf dem Wege predigt, daß das Himmelreich nahe ist. Heilt die Kranken, erweckt die Toten, heilt die Leprakranken, verjagt die Dämonen. Umsonst habt ihr bekommen, umsonst gebt. Beschafft euch weder Gold noch Silber, weder Kupfergeld für eure Gürtel noch Reisetaschen, weder zwei Mäntel noch Sandalen ...«

Das wichtigste und wunderbarste Ereignis, das an die Porziuncola gebunden ist, vollzog sich in einer Julinacht des Jahres 1216: Jesus Christus erschien hier dem betenden Francesco. Er sprach ihn von aller Schuld frei und fragte ihn, was er für seine Brüder erflehe. Francesco antwortete:

»... Vergebung ihrer Schuld erlangen«

»Weil es ein elendiger Sünder ist, der zu Dir spricht, o mitleidsvoller Gott, bittet er Dich um Gnade auch für seine Brüder und alle diejenigen, die, ihre Sünden bereuend, die Schwelle dieses Ortes überschreiten, daß auch sie von Dir, o Herr, der Du ihre Verzweiflung erkennst, Vergebung ihrer Schuld erlangen.«

Zu jenem Zeitpunkt gab es die Minderen Brüder bereits überall in Italien, vom Norden bis hinunter nach Sizilien. Wenn Franz unterwegs war, so konnte er zunehmend sicher sein, an jedem Ort freundliche Aufnahme zu finden, denn oftmals war ihm sein Ruf bereits vorausgeeilt. Ihn auf seinen Wanderungen ein Stück weit begleiten zu dürfen, galt als großes Privileg.

Francesco hatte sein Ende nahen gefühlt, und der Moment, in dem er die »Schwester Tod« umarmen konnte, war für ihn höchste Glückseligkeit. Dies geschah in der heutigen »Cappella del Transito« (Kapelle des Übergangs), einem damals einfachen Krankenraum hinter der Porziuncola, der heute, genau wie diese, von der Basilika überbaut ist.

Zwischen den Kapellen wächst ein Rosengarten, dessen Besonderheit es ist, daß seinen Rosen die Dornen fehlen. Sie sollen sie damals, als Francesco sich in ihnen gewälzt hatte, um seine aufkommende Fleischeslust zu bändigen, verloren haben. Vor dem Rosengarten entspringt eine Quelle zu Füßen einer Statue des Heiligen. Die Gläubigen drängen sich dort,

um mit benetzten Fingern das Kreuz zu schlagen. In den Händen der Figur, die einen Rosenkranz halten, ließen sich mehrfach schon Tauben zum Nisten nieder, als habe sich Francescos Gabe, die Tiere und insbesondere die Vögel zu zähmen, auf sie übertragen.

Am Ende der fast labyrinthartigen Gänge (der Rundweg ist vorgeschrieben) liegt unter Fußbodenniveau die Grotte, die Franziskus einst bewohnte.

Der Wallfahrtsort wird noch heute von Franziskanern, die im Konvent nebenan leben, betreut. Sie werden nicht müde, den unzähligen Besuchern der Basilika immer wieder von neuem die Taten ihres Heiligen zu schildern. Außerdem organisieren sie regelmäßig »Orientierungsveranstaltungen« für Jugendliche, die ihren Platz innerhalb der katholischen Kirche suchen. Aufenthalte von Behinderten und Kranken werden besonders gefördert; es gibt sogar, einmal im Jahr, das »Fest des Kranken«. Die Krankheit als etwas Positives, ja als eine Freude zu begreifen, das ist franziskanische Weltsicht in Reinform!

San Damiano und Le Carceri

Das Ortseingangsschild von Assisi verkündet die Städtepartnerschaft mit Bethlehem. Wurde dort Jesus Christus in einem Stall geboren, so kam Francesco hier als Sohn wohlhabender Tuchhändler zur Welt.

Als dem älteren von zwei Söhnen und vermeintlichen Nachfolger im familiären Geschäft ließen die Eltern es ihm an nichts fehlen. Die erste Begegnung mit der grausamen Seite der irdischen Realität verlief hart für ihn: Im Krieg gegen Perugia, in dem er sich einen Adelstitel verdienen wollte, geriet er in Gefangenschaft. Ein Jahr des Dahinsiechens im

Linke Seite: Zugemauerte »Tür des Toten«

dunklen, feuchten Kerker hinterließ seine Spuren, äußere und – zunächst noch – unsichtbare. Scheinbar ging sein Leben »danach« einfach so weiter: Er half seinem Vater im Geschäft und verbrachte die Abende mit den Freunden, unbeschwerten Jugendlichen aus bürgerlichem Hause wie er selbst. Ein zweites Mal plante er eine militärische Karriere, die ihn nach Apulien und von dort vielleicht auch auf einen Kreuzzug in den Orient bringen sollte. Üppig ausgestattet, verließ er im Gefolge eines französischen Herzogs, der beim Papst in Sold stand, die Stadt. Er kam bis Spoleto. Die Krankheit, die ihn hier befiel, war vielleicht nur Ausdruck des Zweifels an seinem Unterfangen. Er ging in sich, und ihm reifte die Erkenntnis, daß er zwar als Soldat dienen wollte, aber nicht im Gefolge irgendeines Herrn, sondern *des Herrn:* Gott. Seine Rückkehr nach Assisi muß nicht gerade glanzvoll ausgefallen sein. Und auch sonst führte sein zunehmend sonderbareres Verhalten bald dazu, daß man ihn für verrückt hielt. Immer öfter zog er sich in eine Grotte – Le Carceri – oberhalb der Stadt zurück, um nachzudenken, um allein zu ein. Oder er begab sich auf den kahlen Gipfel des Monte Subasio, die Welt weit unter sich zurücklassend und die Distanz zum Himmel verringernd.

Nur noch einem Herrn dienen

Zum endgültigen Bruch mit den Seinen und seiner bürgerlichen Existenz als Tuchhändler, die er eher schlecht als recht weiterverfolgte, kam es nach einem Markttag im Herbst des Jahres 1206 in Foligno. Francesco war, mit wertvollen Stoffen bepackt, zum Markt geritten und hatte nicht nur die Stoffe, sondern zugleich sein Pferd gut verkaufen können. So wanderte er zu Fuß, im Besitz eines prall gefüllten Geldsäckels, zurück nach Assisi. Drei Stunden brauchte er für den Weg über den Monte Subasio, der ihm nur allzu vertraut war. Daß ihm der Marsch diesmal jedoch beschwerlich wurde, daran war das viele Geld

Rechte Seite: Die franziskanische Einsiedelei Le Carceri

schuld, dessen Gewicht ihn mit jedem Schritt mehr zu belasten schien. Da begriff er, daß es Unrecht, Sünde war, soviel Geld mit sich zu führen, materielle Werte anzuhäufen, während rund um ihn herum das Elend hauste. Er wäre dennoch in Assisi eingetroffen, wenn ihn sein Weg vorher nicht an der heruntergekommenen Kirche des San Damiano vor den Mauern der Stadt vorbeigeführt hätte. Er betrat die Kirche und betete zu dem hölzernen Kruzifix, das heute noch in der Santa-Chiara-Kirche zu sehen ist. Und hier erhielt er erstmals einen eindeutigen Auftrag: dem Pfarrer das Geld zum Ausbau der Kirche und zur Verteilung unter die Armen zu überlassen und selbst an diesem abgeschiedenen Ort zu verweilen.

Der »Skandal«

Natürlich fand sein Vater ihn. Er verstand seinen Sohn nun wirklich nicht mehr und forderte mit Nachdruck den Erlös aus dem Verkauf der Stoffe. Es kam zum Prozeß, der, wie damals üblich, vom Bischof geleitet wurde. Dieser Prozeß sollte in die Geschichte eingehen, denn hier geschah, vor den Augen der Öffentlichkeit, der Skandal: Francesco erstattete nicht nur den geforderten Betrag zurück, sondern verzichtete auch auf sein Erbe. Damit nicht genug, legte er zusätzlich seine teuren Kleider ab, die ihn als Bürgersohn auswiesen, und stand schließlich splitternackt vor seinen Eltern, dem Bischof und der johlenden Zuhörerschaft: so, wie ihn Gott geschaffen hatte. Und dies alles bekundete er mit fröhlicher Sicherheit: Von nun an sei nur noch Gott allein sein Vater, dem er Gehorsam schulde. Beschwichtigend bedeckte der Bischof seine Blöße mit dem Bischofsmantel.

Keinem Heiligen kann man sich so unmittelbar nähern wie Franziskus. Alles ist noch da: seine Geburtsstadt, fast unverändert; der Platz, an dem sein Geburtshaus stand, das heute eine Kirche ist; der zunächst bewaldete, dann kahle Monte Subasio, auf dem die Zivilisation kaum Spuren hinterlassen hat; das Kirchlein von San Damiano, heute ein kleiner Konvent; die Grotten, in die der Heilige sich zurückzog, an erster Stelle die bei der »Carceri« oberhalb der Stadt, ebenfalls Sitz eines kleinen Konvents.

Wenn man sich einen Tag Zeit nimmt und von Assisi aus zur Einsiedelei »delle Carceri« wandert (etwa fünf Kilometer) und dann vielleicht noch neun Kilometer weiter auf den 1290 Meter hohen Gipfel des Berges, dann sieht man im Grunde all das, was San Francesco damals erblickte. Fast immer weht hier oben ein heftiger Wind, weit schweift der Blick

Integrierte Natur bei »Le Carceri«

über die umbrische Landschaft, in der der Heilige zu Hause war: Fast alle seine Rückzugsorte sind im Umkreis von nicht mehr als 100 Kilometern angesiedelt, das heißt in genau jener Gegend, die sich rundum bei klarem Wetter vor dem Auge ausbreitet.

Hier oben, das Pfeifen des Windes in den Ohren, angesichts der unendlichen Weite, überkommt mich ein Gefühl von Leichtigkeit, als genüge es, die Arme auszubreiten und loszufliegen, hinein in die Unendlichkeit ... die Erhabenheit der Landschaft wird zur Erhabenheit der Seele. An Orten wie diesem kann man sich wieder auf das Eigentliche besinnen, in der Distanz zur Welt die wesentlichen von den unwichtigen Dingen unterscheiden lernen. Francesco hatte einen unfehlbaren Sinn für solche auratischen Orte. Deshalb gleichen sich all seine Einsiedeleien in verblüffender Weise. Ob in Le Carceri bei Assisi oder den umbrischen Klöstern des Valle Santa (Heiliges Tal), ob in La Verna, wo er seine Wundmale erhielt, Le Celle bei Cortona oder Montecasale bei Sansepolcro – überall findet man mit Sicherheit folgende Elemente:

Orte der Rückbesinnung auf das Wesentliche

- Abgeschiedenheit von der Welt;
- Stille der Wälder, Einsamkeit;
- Erhabenheit der Bergwelt;
- Nähe zu Gott;
- Wald, der vor Hitze, Sturm und Regen schützt, Nahrung und Feuerholz liefert und das Zwiegespräch mit der Natur, mit Tieren und Pflanzen ermöglicht;
- Höhlen als Wohnstätten, Schutz im Leib der Mutter Erde;
- Wasser als ewiges Symbol des Lebens: An allen Francesco-Orten entspringen Quellen, deren Wasser zum Teil noch heute als heilbringend gelten. Von manchen dieser Quellen heißt es, der Heilige habe sie entspringen lassen, um den Durst seiner Brüder zu löschen ...

Die Basilika

Zurück nach Assisi. Das Auto bleibt unterhalb der Stadt auf dem obligatorischen Parkplatz, das letzte Stück geht man zu Fuß. Die Straße schraubt sich höher, ich genieße den weiten Blick ins Tal, bevor ich in die Welt der Souvenirläden, Restaurants und Snackbars eintauche, die das Innenleben der steinernen Gassen und Straßen bestimmen. Und dann breitet sich der weitläufige logengesäumte Kirchplatz vor mir aus. Dahinter erhebt sich die Basilika, eines der wichtigsten Bauwerke des 13. Jahrhunderts. Ihre Anlage ist verwirrend: äußerlich eine Einheit, innerlich zweigeteilt.

Goldene Höhle, Grabeskirche

Zunächst betritt man die noch im streng romanischen Stil erbaute Unterkirche: tiefes Gewölbe, reich verziert, goldene Höhle, Grabeskirche. Das Schweigen stellt sich von allein ein.

Als Francesco zwei Jahre nach seinem Tod heiliggesprochen wurde, begann man mit dem Bau. Und innerhalb von nur zwei Jahren wurde dieser Teil der Basilika fertiggestellt, eine für damalige Verhältnisse unglaublich kurze Bauzeit.

Vom mittleren Gewölbe zweigen zwei Seitenschiffe ab: Die Struktur ist unüberschaubar, wirkt unendlich. Diffuses, gedämpftes Licht füllt den Raum. In der linken Seitenkapelle, die San Martino, dem heiligen Martin, geweiht ist, hat Simone Martini dessen Geschichte auf zehn Bildern festgehalten. Der Heilige, der seinen Mantel mit einem Armen teilte, stand Francescos Geist sehr nahe. In der rechten Magdalenen-Kapelle stammen die Fresken von Giotto. Eines der eindrucksvollsten Francesco-Porträts wurde im Jahr 1280 von Cimabue geschaffen. Es befindet sich im rechten Seitenschiff und zeigt den Heiligen in demütiger Haltung – in seiner groben Kutte, die Hände von den Wundmalen gezeichnet.

Gütig blickt Francesco den Betrachter des Bildes an, als wolle er ihm sagen: »Ich weiß um die Trauer der Menschen, um die Not allen irdischen Seins und damit auch um die deine. Geh in dich, finde Gott in dir!«

Die Reliquien und das Grabmal

Neben den berühmten Fresken und Kunstschätzen der Kirche, deren Aufzählung hier zu weit führen würde, sind es Reliquien und das Grabmal des Heiligen selbst, die der Kirche ihre einzigartige Bedeutung verleihen. Zu sehen sind Francescos Kutte, seine Sandalen, seine Kapuze, zwei Schriftstücke: zum einen die Segnung Frate Leones, desjenigen unter seinen Begleitern, zu dem Francesco die engste Beziehung unterhielt:

»Der Herr segne und schütze dich, er zeige dir sein Gesicht und habe Mitleid mit dir; er wende dir sein Antlitz zu und gebe dir den Frieden; der Herr segne dich, o Bruder Leone.«

Das zweite Dokument stammt von Papst Honorius III.; es ist die Bulle von 29. November 1223, in der er die Regel des Ersten Ordens anerkennt.

Ein schmales Trepplein führt hinunter in die Krypta, zum Grabmal des Heiligen.

San Francesco war am 3. Oktober des Jahres 1226 gestorben. Nach Vollendung der Unterkirche, vier Jahre später, legte man seine Gebeine, die damals wie heute in einem schlichten Steinsarg ruhten, in der Krypta nieder. Um die wertvolle Reliquie zu schützen, wurde die Krypta anschließend zugemauert. Darauf folgte der Bau der eigentlichen Kirche, der sich über mehrere Jahrzehnte hinzog und die berühmtesten Baumeister und Maler jener Zeit beschäftigte. Wo genau sich das Grab des Heiligen befand, geriet in Vergessenheit. Erst im Jahr 1818 wurde es wiederentdeckt. Seitdem kann es besichtigt werden, von 1932 an in der monumentalen Aufmachung, die der Grabstelle jenen merkwürdig massiven Charakter verleiht, der dem Todesgedanken so gar nicht entsprechen will. Der steinerne Sarg ist von einer Art Wehrturm ummauert, der an der Vorderseite eine Öffnung aufweist. Eisengitter sichern ihn ab, schwere Leuchter hängen an noch gewichtigeren Ketten von der Decke herab. In der Außenwand des im Grab angelegten Rundgangs sind die Urnen mit den sterblichen Überresten der vier engsten Begleiter Francescos untergebracht. Der Besucherstrom bewegt sich im Kreis, viele opfern Kerzen, manche verweilen zum Gebet: Die entrückte Andacht, die mich in der Porziuncola noch so beeindruckt hat, beobachte ich hier nicht.

Die Basilika – eine gemauerte Botschaft

Vom Grabmal gehe ich durch die Unterkirche hinauf zur Basilika: hochgeschwungene gotische Bögen, leuchtende Farben, Licht. *Per aspera ad astra*, durch die Nacht zum Licht, durch das irdische Leid zu Gott, von der Tauer zum Jubel – gemauerte Botschaft.

Giotto hat hier sein erstes Werk geschaffen, das zu seinen gelungensten gerechnet werden darf. Der Freskenzyklus zur Geschichte des Heiligen, in warmen, erdnahen Farben gemalt, ziert die Seitenwände. Das Revolutionäre in der Malerei war die Tatsache, daß er sich vom ikonenhaften byzantinischen Stil endgültig gelöst und historische Bilder gemalt hatte, die einen leibhaftigen Francesco in einer konkreten Umgebung zeigen. Zum erstenmal wird der Bildraum bedeutend, wird versucht, den Effekt der Dreidimensionalität zu erzielen, also eine wirklichkeitsgetreue Wiedergabe vorzuspiegeln. Diese Malweise kommt dem franziskanischen Gedanken nahe, weil sie ihre Wirkung nicht in der idealistischen Erhöhung des Dargestellten sieht, sondern gerade in der Nähe zur Realität, die der Heilige ja mit dem potentiellen Bildbetrachter teilte. Giottos

Fresken zeigen, daß Francesco »einer von uns« war. Die Bildergeschichte faßt das Leben des Heiligen in Form einzelner Szenen zusammen, die teils historisch belegt sind, teils aus dem Bereich der Franziskuslegenden stammen. Es sind Bilder, die von der mittelalterlichen Welt erzählen und die zugleich die Vorstellungswelt der Menschen ihrer Zeit nachhaltig prägten. Bilder, die in den Köpfen und im Denken präsent waren, die Glauben schufen.

Dem Altar zugewandt, beginnt man mit der »Lektüre« auf der rechten Seite; die Szenen stellen folgende Ereignisse dar:

Das Leben des Heiligen in Bildern

1. Francesco wird auf der Piazza von Assisi (besonders deutlich ist der Minervatempel zu erkennen) von einem einfachen Mann geehrt, der seinen Mantel vor ihm ausbreitet.
2. Francesco schenkt seinen Mantel einem Bedürftigen. Im Hintergrund die umbrische Landschaft mit Assisi.
3. Traum vom mit Waffen gefüllten Palast. Hier werden die Schwerter nicht zu »Pflugscharen«, wie die Friedensbewegung der achtziger Jahre forderte, sondern zu Kreuzen, derer sich Francesco in seinem Kampf bedienen soll.
4. Beim Gebet vor dem Kruzifix von San Damiano erhält Francesco den Auftrag, die vom Verfall bedrohte Kirche zu retten.
5. Das Bild mit dem Verzicht auf die väterlichen Kleider gibt einen der »berühmtesten« Momente im Leben des Heiligen wieder: Es ist eine Gerichtsszene. Der Vater verlangt des Geld zurück, das Francesco für den Wiederaufbau der Kirche verwenden wollte; der Sohn begreift, daß sein Auftrag nicht mit Geldern, sondern allein durch den Einsatz seiner ganzen Person vollbracht werden kann, und händigt nicht nur den Säckel aus, sondern verzichtet auch auf sein Erbe und die Kleidung, die vom Vater

Basilica di San Francesco

stammt. Seine Blöße kann nunmehr nur die Kirche bedecken; der Bischof hilft mit seinem Mantel aus. Die Fronten sind nun klar: das nach Reichtum strebende Bürgertum auf der einen, die nach göttlicher Wahrheit strebende Christenheit auf der anderen Seite. Im Bildraum sind es allein die von Francesco zum Gebet erhobenen Hände, die eine Brücke zu schlagen versuchen.

6. Papst Innozenz III. begreift im Traum, daß die Existenz der Kirche nicht von den großen Kreuzzügen abhängt, sondern von der zierlichen Gestalt des Bruders.
7. Deshalb erkennt die Kirche den Orden an.
8. Vision vom brennenden Wagen mit dem unversehrten, strahlenden Jüngling.
9. Vision: Frate Leone erblickt im Paradies den prächtigen Sitz, der für Francesco bereitsteht.
10. Francesco befreit die Stadt Arezzo von den Dämonen, die sich ihrer bemächtigt haben.
11. Die Herausforderung durch den Sultan: Das Fresko erinnert an Francescos Reise ins Heilige Land, wo er dem Sultan durch eine Feuerprobe die Wahrheit seines Glaubens beweist.
12. Francesco in Ekstase, umhüllt von einer leuchtenden Wolke.
13. Francesco beugt sich in der überfüllten Kirche über eine Krippe mit der Nachbildung des Jesuskindes. Beide werden im Moment der Begegnung »erleuchtet«.
14. Francesco läßt durch frommes Gebet eine Quelle entspringen, um den Durst seiner Brüder zu löschen.
15. Francesco spricht zu den Vögeln, die sich um ihn versammeln.
16. Gemäß Francescos Prophezeiungen stirbt der Kavalier von Celano unvermittelt bei einem gemeinsamen Mahl.
17. Francesco predigt vor dem Papst und seinen Kardinälen, die ihn mit großer Ernsthaftigkeit anhören.
18. Er erscheint den Brüdern von Arles, die im Kapitelsaal versammelt sind, und segnet sie.
19. »Auf rauhem Stein, zwischen Tiber und Arno, empfing er von Christus das letzte Siegel, das seine Haut zwei Jahre lang trug.« (Dante); Francesco empfängt die Wundmale auf La Verna.

20. Francescos Tod: Demut auf Erden, Erhöhung im Himmel.
21. Auf wunderbare Weise erfahren Frate Agostino und der Bischof von Assisi die Botschaft im Moment seines Sterbens.
22. Ungläubige überzeugen sich von der Echtheit der Wundmale Francescos.
23. Die Trauer der Klarissen.
24. Heiligsprechung Francescos.
25. Auch Papst Gregor IX. wird von der Echtheit der Wundmale überzeugt.
26. Wunderheilung an Francescos Grab.
27. Beichte einer zum Leben wiedererweckten Frau.
28. Befreiung des reumütigen Häretikers.

Streifzug durch Assisi

Die Basilika der Santa Chiara liegt genau am gegenüberliegenden Ende der Stadt. Der Weg dorthin lohnt nicht nur wegen des Ziels, sondern auch an sich, denn die Besonderheiten des Ortes begreift wesentlich besser, wer ihn zu Fuß durchwandert. Zum einen hat sich das Stadtbild seit dem Mittelalter fast zur Gänze erhalten, was besonders »spürbar« ist, da der Autoverkehr fast vollständig aus der Stadt herausgehalten wird. Zum anderen erlitt Assisi keine Zerstörungen, weder durch Kriege noch durch Ansiedlung von Industrie. Es herrscht eine ruhige, friedvolle Atmosphäre, die auf die spirituelle Vergangenheit des Ortes verweist.

Ort mit spiritueller Vergangenheit

Zwei Heilige, Francesco und Chiara, hat die kleine Stadt hervorgebracht, und sie ist diesem Erbe stets gerecht geworden. Ihre Botschaft durch die Jahrhunderte lautete stets »Frieden«. Alljährlich wird hier der nationale Friedensmarsch organisiert. Katholiken und Pazifisten demonstrieren gemeinsam gegen

Aufrüstung, Krieg, Rassismus und – ganz aktuell – gegen die Mafia. Unter dem Dach der Basilika des Franziskus waren vor einigen Jahren alle religiösen Häupter der Welt zum erstenmal vereint: Versöhnung statt Abgrenzung – Assisi, die Stadt des Friedens.

Die Stadt mag zwar – und das läßt sich nicht übersehen – vom Tourismus leben. Wallfahrer und Kunstinteressierte aus aller Welt treffen sich hier. Für erstere ist Santa Maria degli Angeli, für zweitere die Basilica di San Francesco wichtigster Bezugspunkt. Doch wer auch immer kommt, kann sich der über der Stadt liegenden Stimmung nicht entziehen; selbst der Tourismus verhält sich hier ruhig und unaufdringlich.

Stadt im Einklang mit der Natur

Und noch etwas: Wie kaum eine andere Stadt geht Assisi in seiner landschaftlichen Umgebung auf, fügt sich in sie ein, ergänzt sie. Der leicht rosafarbene Stein, mit dem Häuser und Kirchen ausnahmslos errichtet sind, stammt aus unmittelbarer Nähe, vom Monte Subasio. Die Idee, menschliche Konstruktionen in die ihnen benachbarte Natur zu integrieren, ist vielleicht das Anliegen zeitgenössischer Landschaftsplaner – für Francesco war sie Gebot. All seine Einsiedeleien legen davon Zeugnis ab. Wie aus Not eine Tugend gemacht wird, wie Mauern sich um Baumstämme winden, Unebenheiten nachzeichnen, Natur einrahmen, statt sie zu dominieren – auch hierin bietet Assisi eindrucksvoll Anschauungsunterricht.

Der Weg zur Basilika der heiligen Chiara führt über den Rathausplatz, die Piazza del Comune. Auf der linken Seite zeugt der ehemalige Tempel der Minerva von der langen Geschichte des Ortes, die mit Sicherheit in die römische, wenn nicht etruskische Zeit hineinreicht. (Etruskische Gräber fand man bei Bettona, der gegenüberliegenden Hügelstadt südwestlich von Assisi.)

Der Tempel, heute Santa-Maria-Kirche, begeisterte Goethe, nachdem er im Oktober des Jahres 1786 seine Kutsche bei Santa Maria degli Angeli verlassen und Assisi zu Fuß erklommen hatte. Ihm war der Tempel »das erste vollständige Denkmal der alten Zeit«, das er auf seiner Italienreise antraf. Nicht nur konnte er sich an der so gelungenen Fassade »nicht satt sehen«, er bewunderte zugleich die einzigartige Lage: »Nun vorerst von seiner Stellung! Auch hierin waren die Alten so groß im Natürlichen. Der Tempel steht auf der schönen mittlern Höhe des Berges, wo eben zwei Hügel zusammentreffen, auf dem Platz, der noch jetzt ›der Platz‹ heißt. Dieser steigt selbst ein wenig an, und es kommen auf demselben vier Straßen zusammen, die ein sehr gedrücktes Andreaskreuz machen, zwei von unten herauf, zwei von oben herunter. Wahrscheinlich standen zur alten Zeit die Häuser noch nicht, die jetzt, dem Tempel gegenüber gebaut, die Aussicht versperren. Denkt man sie weg, so blickte man gegen Mittag in die reichste Gegend, und zugleich würde Minervas Heiligtum von allen Seiten her gesehen. Die Anlage der Straßen mag alt sein; denn sie folgen aus der Gestalt und dem Abhange des Berges. Der Tempel steht nicht in der Mitte des Platzes, aber so gerichtet, daß er dem von Rom Heraufkommenden verkürzt gar schön sichtbar wird. Nicht allein das Gebäude sollte man zeichnen, sondern auch die glückliche Stellung.«

». . . so groß im Natürlichen«

Die Umwandlung vom Minervatempel zum Marienheiligtum ist keine Seltenheit. Überall trifft man auf Orte, wo das Christentum die alte Religion abgelöst hat. Nicht immer ergab sich dabei ein deutlicher Ersatz des heidnischen Kults durch den christlichen; Mischformen von Glauben und Aberglauben lebten und leben noch überall fort. Dafür findet sich, speziell hier in Assisi, ein weiteres Beispiel im sonderbaren Phänomen der »Porta del morto«, der »Tür des

Toten«. Mit ihr ist fast jede Häuserfront versehen. Es handelt sich um eine zweite, etwas kleiner und leicht erhöht angebrachte Haustür, die in den meisten Fällen zugemauert ist. Die wenigsten wissen heute noch um den Charakter dieser »Pforte«, die immer verbarrikadiert, wenn nicht gar zugemauert war und nur geöffnet wurde, damit ein verstorbener Hausbewohner hinausgetragen werden konnte. Danach schloß man sie baldmöglichst wieder, um den Tod gleichsam fernzuhalten.

Flucht und »Entführung« einer Heiligen

Durch eine solche mit Balken und Steinen verbarrikadierte Tür, durch die kein Lebender je sein Haus verließ, arbeitete sich in der Palmsonntagnacht des Jahres 1212 mit erstaunlichen Kräften ein zierliches Mädchen namens Chiara. Mit dem Verlassen des Elternhauses auf diese Weise gab sie deutlich zu verstehen: Nie mehr würde sie dorthin zurückkehren; ihr Abschied vom weltlichen Leben hatte etwas Endgültiges. Es war eine geplante Flucht, wenn nicht gar eine klassische »Entführung«: Francesco kam ihr mit seinen Brüdern in einem Fackelzug entgegen, um sie zur Porziuncola-Kirche, dem Sitz der Franziskaner, zu begleiten, wo ihre Vermählung mit Jesus Christus stattfinden sollte.

Santa Chiara

Um 14 Uhr wird die Kirche wieder geöffnet. Die Gruppe von Besuchern, die sich inzwischen auf dem Vorplatz angesammelt hatte, begibt sich nun zielstrebig und geschlossen in die rechte Seitenkapelle. Hier hängt auf der linken Seite das Kruzifix, das seinerzeit bei der Kirche des San Damiano zu San Francesco gesprochen hat. Auf der gegenüberliegenden Seite drängt man sich vor einer gläsernen Trennwand, hinter der Chiaras Reliquien aufbewahrt sind.

Eine mit einem schwarzen Tuch verschleierte Nonne erzählt von Chiara, erklärt die Reliquien. Schon lange leben die Klarissen nicht mehr im Konvent von San Damiano, sondern im Kloster, das zur Talseite hin an die Basilika angrenzt. Doch wie zu Lebzeiten Chiaras befolgen sie die Vorschriften strenger Klausur (eine Bedingung, die sich Chiara vom Papst erst hart erkämpfen mußte), von Gebet und Schweigen, von Arbeit und Armut, ohne jeden persönlichen und gemeinsamen Besitz.

Chiaras letzte Ruhestätte

Neben der Seitenkapelle geht es hinunter in die Krypta, in der die Gebeine der Heiligen begraben waren, bis sie im letzten Jahrhundert wieder hervorgeholt und in einem goldverzierten gläsernen Sarg ausgestellt wurden. Inzwischen ruhen sie wieder in einem den Blicken nicht zugänglichen Sarg. Als Ersatz für die fehlende Reliquie hat man eine stilisierte Nachbildung der Heiligenfigur obendrauf gelegt.

Wie bei San Francescos Grabmal, so ist auch hier das turmartige Mauerwerk geblieben, das hier wie dort den Leichnam einst schützen sollte. Ein Treppchen führt hoch zur Stelle, von der aus man in das Mauerwerk auf Chiaras steinernen Sarg hinabschauen kann.

Der Totenkult soll an die Lebende erinnern, die da einst zur Heiligen wurde. Wer war Chiara?

Die Tochter aus gutsituiertem Hause, ein Kind frommer Eltern und introvertiert seit frühester Kindheit, begegnete im Alter von zwölf Jahren Francesco zum erstenmal. Zwischen dem jungen Mann und dem Mädchen entwickelte sich im Lauf der folgenden Jahre eine Freundschaft, die in einer tiefen gegenseitigen Liebe im Sinne von Seelenverwandtschaft gipfelte. Soweit es ihr möglich war, unterstützte Chiara die waghalsigen Unternehmungen Francescos, indem sie für den Ausbau der Kirchen und den Unterhalt der Brüder Geld zur Verfügung stellte. Doch das Spenden genügte ihr schon bald nicht mehr; kaum hatte sie das Alter erlangt, in dem sie selbstverantwortlich entscheiden konnte, handelte sie. Sie war achtzehn, als Francesco ihr nach gelungener Flucht die Haare abschnitt und das Gelübde abnahm. Da vermochte selbst der aufgebrachte Onkel, ihr Vormund, der gekommen war, sie zurückzuholen, nichts mehr auszurichten.

Bei Francesco allerdings konnte sie nicht bleiben, und auch das ungeschützte Leben der herumwandernden Brüder, die mal hier, mal dort bettelten und predigten, wäre für die junge Frau nicht das Richtige gewesen. So wurde Chiara provisorisch im Kloster der Benediktinerinnen untergebracht. Wie Francesco vertrat sie in erster Linie leidenschaftlich die Idee einer völligen Armut, und die ließ sich bei den Benediktinerinnen nur begrenzt verwirklichen. Nachdem ihrem Beispiel in den folgenden Wochen und Monaten weitere Frauen, darunter ihre Schwester, gefolgt waren, entschied Francesco, daß sie sich als »zweiter Orden« bei der Kirche San Damiano niederlassen sollten. So entstand hier, zwei Kilometer unterhalb der Stadt, der erste Konvent der Klarissen, deren Zahl ständig wuchs. Auch in anderen Städten der Umgebung wurden in der Folgezeit Klarissenklöster gegründet: in Spello, Arezzo, Sansepolcro. Die Frauen lebten in strenger Klausur, ihr Kontakt mit der Außenwelt war auf ein Minimum beschränkt. Alles, was sie taten, diente ausschließlich dem Zweck, sie Gott näherzubringen. Vom physischen, körperlichen Dasein sollte abstrahiert werden zugunsten metaphysischer Freuden. Chiara selbst aß so wenig, daß ihre Schwestern sich wunderten, wie sie davon überhaupt leben konnte. Sie schlief auf einem harten Brett, ein wenig Stroh als Kissen, und kleidete sich mit dem gröbsten Stoff, den sie finden konnte. Früh schon wurde sie krank und

Wie ein Orden entstand

blieb es ihr Leben lang. Immer aber muß sie Glück ausgestrahlt haben. Sie liebte Jesus Christus, die Muttergottes, Francesco, den sie zwar nur selten sehen durfte – so wie er es sich selbst verbat, seinem Wunsch nach einem Wiedersehen ohne triftigen Grund nachzugeben –, und darüber hinaus alle und alles. Ihren Schwestern war sie lieber Dienerin als die Äbtissin, zu der Francesco sie gemacht hatte. Sie belehrte niemals durch Autorität, sondern immer durch Liebe. Die Härte, die sie an sich selbst praktizierte, verbot sie den Schwestern, die sie nachts liebevoll zudeckte, denen sie die Füße wusch und küßte, wenn sie von der Feldarbeit zurückkamen. Wenn eine erkrankte, durfte sie alles essen, was ihr guttat, und jederzeit sprechen. Oftmals heilte sie Kranke nur dadurch, daß sie ein Kreuz schlug.

Ein Leben für Gott

Chiara wohnte Gott inne, darüber waren sich beim Prozeß ihrer Heiligsprechung alle einig. Nach jedem intensiven Gebet, das sie oft Tränen und Schweiß kostete, nahm ihr Gesicht einen verklärten Ausdruck an. Sie wurde zu Maria, zur Muttergottes, spürte den Leib Jesu Christi in sich, hielt ihn in ihren Händen. Und als die Stadt und auch das Kloster im Jahr 1240 von den Sarazenen überfallen wurden, gelang die kampflose Befreiung allein durch ihr Gebet. Der Tag der wunderbaren Rettung wird noch immer an jedem 22. Juni gefeiert.

Am 11. August 1253 starb Chiara in San Damiano, das ihre Welt war. Hier, zwischen den engen Mauern ihrer Zelle, zwischen Kirche, Klosterhof, Krankenstube und Gärtchen, hatte sie *alles* erlebt.

In den Marken

Loreto: Die Santa Casa

»In Loreto wird uns aufgrund der antiken Überlieferung des Heiligen Hauses eines der grundlegendsten Mysterien des Glaubens offenbart: das des eingeborenen Sohnes Gottes, der durch die Jungfrau Maria Mensch geworden ist. Loreto ist die auserwählte Stätte der Barmherzigkeit Mariens, aber wegen seiner direkten Verbindung mit dem rettenden Mysterium des zu Fleisch gewordenen Wortes ist sie gleichzeitig Ort unerschöpflicher Meditation und ewiger Anbetung . . .« (Johannes Paul II.)

In der Nacht vom 9. zum 10. Dezember des Jahres 1294 geschah es: Engel geleiteten in hellem Flug das bescheidene Häuschen der Maria über das adriatische Meer hinweg nach Loreto. Mitten auf der schmalen Straße, die über den Kamm des Hügels führte, setzten sie es ab. Genau hier steht es auch noch heute, auch wenn sich drum herum vieles verändert hat.

Loreto ist eines der bedeutendsten Wallfahrtszentren Italiens und der gesamten katholischen Welt. Von weitem schon sieht man die mächtige Kuppel der Kathedrale, die um das Marienhäuschen herum errichtet wurde, auf ihrer Anhöhe thronen. Gut ausgeschildert und die Kirche immer vor Augen, windet sich leicht die Straße bergauf. Wächter weisen Parkplätze zu, das letzte Stück müssen die Füße bewältigen: Linker Hand geht der Blick ungehindert bis zum Meer, rechter Hand wechseln sich Bars mit Restaurants ab, die mit Touristenmenüs zu günstigen Preisen locken. Die ganze Altstadt, die neben dem prachtvollen Komplex der religiösen Bauten beinahe unscheinbar wirkt, lebt vom Tourismus. Die Souvenirläden bieten, außer dem immer gleichen bunten Plastikspielzeug, Luftballons und Süßigkeiten vor allem eines an: Nachbildungen der Madonnenstatue mit dem Kind, beider Köpfe schwarz und wie aus einem überlangen, kegelförmigen Körper herauswachsend. Es gibt sie in allen Größen und Ausführungen, zum Aufstellen und an die Wand zu hängen, als Glücksbringer fürs Auto oder als Anstecknadel. Und natürlich darf das Miniaturhäuschen nicht fehlen, auf dessen Dach die Muttergottes mit dem Jesuskind sitzt: In mir entsteht eine diffuse Ahnung davon, was mich im Kircheninnern erwartet.

Die Piazza della Madonna

Durch eine Art Stadttor betrete ich die monumentale Piazza della Madonna, die sich, von Säulengängen eingefaßt, vor der Kathedrale ausdehnt. Die Mitte der Piazza bildet die Fontana della Madonna, ein reichverzierter Marienbrunnen aus dem 17. Jahrhundert, an dem sich die Gläubigen einst einer rituellen Waschung unterzogen, bevor sie sich in den heiligen Bereich des Kircheninnern, barfuß oder auf Knien, begaben.

Jetzt führt der Brunnen kein Wasser, und sogar die Becken sind trocken. Noch ist auch nicht »Saison«, denn die Wallfahrten beginnen erst im Marienmonat Mai. Die Grüppchen, die zielstrebig über den Platz marschieren oder sich auf der breiten Treppe vor der Kirche niedergelassen haben, wirken irgendwie verloren in der leeren Weite.

Jenseits des schweren Portals, im Kircheninnern, herrscht im Vergleich zu draußen geradezu lebhaftes Treiben. Wie von Ferne dringt sonderbares Singen an

Basilika von Loreto

mein Ohr. Den Stimmen folgend, gelange ich zum Mittelpunkt der Kirche, dem in Marmor gehüllten und verzierten Häuschen der Maria, in dem sich gerade polnische Gläubige zu leidenschaftlichem Singen und Beten niedergelassen haben. Die Gruppe vollführt ihr Ritual mit einer Selbstverständlichkeit, daß trotz aller Inbrunst des Gebets die Emotionen nicht überschwappen. Als hätten sie eine überfällige Arbeit verrichtet, verlassen die Polen zusammen und heiter das »Heilige Haus« (Santa Casa), in dem nur vereinzelte Gläubige, in Gebete vertieft, zurückgeblieben sind.

Nun erst kann ich richtig eintreten und in Ruhe verweilen. Wie viele Menschen haben in diesen Mauern schon Hoffnung, Rat, Trost, Heilung, Glückseligkeit gefunden!

Zur Geschichte der Verehrung

Ein Ort »offenkundiger Frömmigkeit«

Das Haus, in dem Maria geboren wurde, in dem die Verkündigung geschah, in dem sie gemeinsam mit ihrem Mann Joseph und dem Gottessohn gelebt haben soll, bis dieser etwa 20 Jahre alt war, ist eines der wichtigsten Marienheiligtümer. Ungezählt ist die Schar der Gläubigen, die hier während Jahrhunderten Trost und Hilfe suchten oder auch nur, der Muttergottes huldigend, ihren Tempel auf Knien rutschend betraten, seine Mauern mit Küssen bedeckten, seinen Boden mit Tränen benetzten. Michel de Montaigne, der in den Jahren 1580/81 Italien bereiste, bemerkte damals schon, daß die »offenkundige Frömmigkeit« hier größer sei als an jedem anderen Ort, den er je gesehen habe.

Das Heilige Haus selbst beschreibt er wie folgt:

»Der Ort der Anbetung ist ein kleines, sehr altes, baufälliges Ziegelsteinhäuschen, das mehr lang als breit ist. Vorn hat man eine Scheidewand angebracht, die auf jeder Seite eine eiserne Türe hat mit einem eisernen Gitter dazwischen; das alles ist plump, alt und ohne jeden Schmuck. Das Gitter nimmt die Breite zwischen den Türen ein, und durch seine Stäbe sieht man den hintersten Teil des abgeschlossenen Raumes; dieser hinterste Teil aber, der etwa ein Fünftel des Ganzen einnimmt, das ist der Raum der allergrößten Verehrung. Hier erblickt man oben an der Mauer das Bild unserer Lieben Frau, wie man uns sagte, aus Holz gefertigt. Der übrige Teil der Mauer ist so mit zahllosen reichen Exvotos aus allen Gegenden und Ländern geschmückt, daß bis zur Erde jeder Zoll mit Gold und Silber behangen war.«

Nicht allzuviel hat sich geändert seit Montaignes Zeiten: Noch immer ist der hinterste Teil der »heiligste«, wenn auch das Madonnenbild inzwischen durch eine Statue ersetzt wurde. Noch immer trennt ein Gitter diesen Raum vom Rest des Hauses, aber man darf durch das linke Tor eintreten und ganz nah unter der Statue vorbeiziehen, die Mauer berühren, und das Heiligtum dann durch die rechte Tür wieder verlassen. Zwar sind die Weihegaben nicht mehr ausgestellt, aber noch immer bringen die Gläubigen Schätze und Spenden mit, deren Höhe nur geahnt werden kann.

Die »Annahmestelle« befindet sich direkt gegenüber dem Ausgang des Marienhauses. Ein alter Mönch nimmt diskret die Gaben entgegen, in ein dickes Buch trägt er die Namen der Spender und die Art ihrer Mitbringsel ein.

Ein profitables Heiligtum

Der immense Reichtum des Heiligtums von Loreto erlitt unter Napoleon, der die Schatzkammer plündern ließ, schwere Einbußen. Auch in jüngster Zeit soll es immer wieder zu Diebstählen gekommen sein, weshalb die Gaben nicht mehr ausgestellt werden, sondern in den Tresoren der Schatzkammer verschwinden. Auch Montaigne mutmaßte, »daß die alten Sachen eingeschmolzen und zu anderen Zwecken verwandt werden«. (Tatsächlich war auch das Exvoto, das Montaigne selbst an die Kirchenwand mauern ließ, schon vor den Plünderungen durch die Franzosen verschwunden.)

Daß sich aus der Frömmigkeit der Gläubigen Kapital schlagen ließ, hatte nicht nur die Kirche, sondern hatten auch die Loreter vom ersten Moment an begriffen. Ganz Loreto entwickelte sich um das Heiligtum, profitiert bis heute von ihm. Schon Montaigne registriert: »Andere Einwohner als solche, die auf die Wallfahrer rechnen, gibt es so gut wie gar nicht, sondern nur verschiedene Wirte (und dabei sind die Gasthäuser ziemlich unsauber) und verschiedene Händler, die Sachen wie Wachs, Bilder, Paternoster, Agnus Dei, Erlöser und ähnliche Erzeugnisse verkaufen . . .« Und auch Goethes Vater

Johann Caspar erzählt von seinem Besuch im Heiligtum im Jahr 1740, daß ein armer Junge aus Loreto ihm gegen eine kleine Gabe das Umrutschen des Marienhauses auf Knien abnahm.

Bis in die jüngste Vergangenheit war es üblich, sich dem Heiligtum barfuß oder auf Knien rutschend zu nähern. Neben dem Betasten und Küssen der heiligen Wände ging das Verlangen der Pilger seit jeher dahin, Teile des Gemäuers abzukratzen und mitzunehmen. Die Kirche bestrafte solche Versuche hart mit Exkommunikation. Zudem schienen Beschädigungen des Heiligen Hauses und Entwendungen von Steinfragmenten oder Mörtelkrümeln aus dem Heiligtum mit einer Art Fluch behaftet zu sein. Zahlreich sind die Belege dafür, daß die Reliquienfragmente reumütig wieder zurückgebracht oder -geschickt wurden:

Der fluchbeladene Stein

Der portugiesische Bischof Giovanni Suarez beispielsweise hatte im Jahr 1561 von Papst Pius IV. sogar die Erlaubnis erhalten, einen Stein des Heiligen Hauses für eine seiner Kirchen in Empfang zu nehmen. Nicht nur, daß sein Legat auf der Reise verschiedene Unfälle erlitt; es fiel der Bischof selbst nach Erhalt des Steines in hohes Fieber, so daß er es für ratsam hielt, das Fragment umgehend wieder an seinen ursprünglichen Platz zurückzusenden. Sein »Begleitschreiben« ist links vom Altar ausgestellt.

Im 18. und 19. Jahrhundert gestatteten die Kapuzinermönche, die das Heiligtum verwalteten, manchen Besuchern nach der Messe, den Staub zusammenzufegen und mitzunehmen. Es wurden sogar kleine Staubtütchen feilgeboten. Heute gilt das Öl aus der Lampe des Heiligen Hauses als wundertätig und wird als das »Öl der Madonna« verkauft. Neben den unzähligen Heilungen, die der Anwendung des Öls folgten, ist jene der Anna Capasso die wunderbarste: Die damals Dreiundfünfzigjährige besuchte das Heiligtum am 6. Juni 1939. Sie hinkte schwer, weil ihr linkes Bein von Geburt an erheblich kürzer war als das rechte. Nachdem sie ihr Knie mit dem Öl der Madonna eingerieben hatte, begann das linke Bein langsam, aber beständig zu wachsen, bis es im darauffolgenden Jahr die Länge des rechten erreicht hatte. Ein Phänomen, das die kirchliche und wissenschaftliche Welt in Aufruhr versetzte. Ein Wunder war geschehen.

Das Fest der Ankunft des Marienhauses

In der Nacht vom 9. auf den 10. Dezember flakkern in und um Loreto überall helle Freudenfeuer zum Himmel auf. Diese *focaracci* geben nicht nur dem Jubel der Loreter über die Ankunft des Marienhauses Ausdruck, sie sollen auch dessen Flug am dunklen Himmel beleuchten. Früher, so erzählen die Alten, waren die Häuser die ganze Nacht über erleuchtet; man saß gemeinsam ums Feuer, sang, betete und feierte, bis um drei Uhr schwere Kanonenschläge und Glockengeläut die Ankunft des Marienhauses verkündeten. Nun gab es Brot und Wein, und die Jugendlichen bewiesen ihren Mut, indem sie über die Feuer sprangen. Diese sportliche Leistung soll sie gleichzeitig für ein Jahr vor Magenschmerzen bewahrt haben. Auch Kleinkinder wurden über das Feuer gehalten, um sie vor Übeln und dem »bösen Blick« zu bewahren. In solchen Gesten des Aberglaubens erkennen manche Anthropologen alte Purifikationsrituale. G. Allevi vermutet sogar, daß »unsere Leuchtfeuer Überreste eines alten und wilden Kultes sind«, nämlich jenes des phönizischen Gottes Moloc, »einer grausamen und fürchterlichen Gottheit, die jene Völker ehrten, indem sie ihre Kinder über das Feuer springen ließen und den schrecklichen Gott zu besänftigen suchten, indem sie sie lebend verbrannten«.

Zur Geschichte des Heiligen Hauses

Der Streit um die Echtheit des Gemäuers ist mindestens so alt wie das Schriftstück, in dem es zum erstenmal erwähnt wird. Warum suchte sich das schlichte Haus der Heiligen Familie von Nazareth ausgerechnet Loreto als »Landeplatz« aus? Hatten Jesus und seine Eltern tatsächlich in einem Steinbau und nicht eher, wie damals üblich, in einer aus Lehmziegeln errichteten Hütte gelebt? Und, wenn ja: Hätte das Gemäuer überhaupt die 13 Jahrhunderte bis zu seiner *translatio* (Überführung) überdauern können? Kritische Geister haben schon früh nicht nur den Flug, sondern die Authentizität des Hauses selbst angefochten.

Sicher ist, daß sich bereits im frühen 14. Jahrhundert zahlreiche Pilger zum Heiligen Haus begaben, um der Madonna von Loreto zu huldigen. Da die Wallfahrer meist wertvolle Gaben mit sich führten, die sie der Maria opfern wollten, waren die Wälder unterhalb des Monte Prodo voller Wegelagerer und Räuber, die den frommen Wanderern das Leben schwermachten. So belegen Gerichtsakten das traurige Ende deutscher Wallfahrer im Jahr 1318, die von Ghibellinen aus Recanati unterhalb des Heiligen Hauses beraubt und ermordet wurden.

Auch viele andere Quellen lassen das Jahr 1294 als Zeitpunkt der Ankunft des Heiligen Hauses in Italien wahrscheinlich erscheinen. Doch handelte es sich wirklich um das Haus der Maria? Die Frage führt uns nach Nazareth.

Hier entstand in den sechziger Jahren eine klobige Basilika um die Grotte, die als Wohnsitz der Heiligen Familie gilt und hoch verehrt wird. Neuere Grabungen haben jedoch gezeigt, daß vor der Grotte tatsächlich ein Haus existiert haben muß. Haus und Höhle bildeten eine Einheit, die bereits im 2. Jahrhundert als Kultort gepflegt wurde. Zunächst war eine Synagoge, dann eine byzantinische Kirche am Ort der Verkündigung errichtet worden.

Im 12. Jahrhundert versahen Kreuzfahrer den Boden der »Engelskapelle« sowie der Höhle selbst mit einem schachbrettartigen Mosaik, wie es bereits zuvor am Heiligen Grab geschehen war: Von diesem Fundament berichten Quellen noch lange nach dem Verschwinden des Heiligen Hauses, das ja, wie man weiß, ohne »Boden« seinen jetzigen Standpunkt erreichte. Es gibt noch viele weitere Anhaltspunkte dafür, daß das Haus oder zumindest ein Teil seiner Steine tatsächlich aus Nazareth stammen könnten.

Wie aber kam es nach Loreto?

Wie kam die Hütte nach Loreto?

Auch diese Frage konnte inzwischen »wissenschaftlich« so gut wie geklärt werden. Das Dokument, das Aufschluß gibt, ist das *Chartularium culisanese* aus dem Jahr 1294. Diese Urkunde enthält unter anderem eine Liste der Hochzeitsgaben, die Philipp II. von Anjou, der Sohn des Königs von Neapel, von seiner Braut Ithamar Angeli, einer Tochter des Despoten von Epirus, erhielt. Dabei ist auch von heiligen Steinen die Rede, die aus dem Haus der Gottesmutter stammen: »Sanctas petras ex domo Dominae Deiparae Virginis ablatas«. Desgleichen wird eine hölzerne Tafel, die Maria mit ihrem Sohn darstellt, erwähnt.

Die Steine und das Marienbild sind die Grundlagen für das Heiligtum von Loreto. Die Legende von der himmlischen Überführung des Hauses durch die Engel mag vielleicht aus dem Namen der epirischen Herrscherfamilie, »Angeli« – Engel –, die das Marienhaus nach Italien brachte, entstanden sein.

Ob himmlische oder menschliche Entscheidung – die Wahl des Standorts war damals nicht leichtgefallen: Von 1291 bis 1294 hatte das Heilige Haus bereits auf dem Balkan gestanden, und bevor es schließlich

ENTRATA
non fotografare
non introdurre sedie

den Hügel von Loreto krönte, war es kurzfristig in der Nähe des Hafens von Recanati unterhalb der Stadt »zwischengelagert« worden. Erst auf der Höhe des Monte Prodo, inmitten der öffentlichen Straße, die über den Kamm verlief, und in unmittelbarer Nähe einer bereits existierenden Marienkirche, fand es seinen endgültigen Platz. Hier schien es sicher. Und anscheinend wurde es hier dringend gebraucht.

Der Kult der Schwarzen Madonna und die Symbolik des Hauses

Die Marienstatue zieht den Blick unweigerlich auf sich, so ungewöhnlich ist sie. Aus der goldenen, nach oben sich verengenden Rolle, die ihr Kleid darstellt, ragt ihr schwarzer Kopf neben dem kleineren des Jesuskindes hervor. Beide Häupter sind mit goldenen Kronen geschmückt. Die Figur wurde nach dem Brand des Heiligen Hauses im Jahr 1921 aus dem Holz einer Libanonzeder der vatikanischen Gärten geschnitzt. Als ihr am 4. Oktober des Jahres 1962 Papst Johannes XXIII. die Krone aufsetzte, soll sie gelächelt haben. Nicht nur durch dieses, relativ »bescheidene« Wunder erwies sie sich als würdige Nachfolgerin der Statue, die vor ihr im Heiligen Haus verehrt wurde. Von dieser hat sie die dunkle Hautfarbe und das eigentümliche Gewand, »Dalmatica« genannt, übernommen. Folgt man den Quellen, so muß es ursprünglich aber eine Ikone gewesen sein, welche die Gottesmutter darstellte. Immer jedoch war sie schwarz, und genau diese Eigenschaft ist es, die sie in die Tradition der alten heidnischen Muttergottheiten stellt.

Bei den alten Völkern des Mittelmeerraums war Schwarz die Farbe des Urzustands allen Seins, des

Linke Seite: Eingang zum Heiligen Haus der Maria, im Inneren der Basilika

Chaos, das alle Kreativität in sich birgt. Die Farbe Schwarz bedeutete das Noch-nicht-Realisierte und symbolisierte später die Fruchtbarkeit. Die alten Muttergottheiten wurden in dunkle Gewänder gehüllt abgebildet. Venus trug auch den griechischen Namen »Melanis«, die Schwarze, und auch die anderen Fruchtbarkeitsgöttinnen – Demeter, Artemis, Kybele oder die anatolische Magna Mater – waren dunkle Figuren, die oft mit dem Attribut »die Schwarze« versehen waren.

Fortsetzung heidnischer Traditionen?

In den Marken tritt die »Schwarze Madonna« eine noch speziellere Nachfolge an, nämlich jene der dunklen Mutter- und Mondgöttin Cupra (Aphrodite), die über das Gebiet von Loreto herrschte. In der Ablösung der heidnischen Gottheit, so scheint es, übernahm Maria deren grundlegendste Eigenschaft: die Farbe der Nacht, des Unterirdischen, in das die Toten eingehen, und zugleich jene des Schoßes, aus dem das neue Leben erwächst. Auch das Heilige Haus selbst erhält im Zusammenhang mit der archaischen Symbolik eine neue Bedeutung: Hier ist das Haus der Uterus, die Mutter. Am Tempel der Cupra werde ich erneut der Darstellung des Hauses begegnen. Zufall? Oder verweist auch das Heilige Haus der Gottesmutter auf die Tradition der alten Muttergottheiten?

Kann es sein, daß auf der symbolischen Ebene das Haus – als der Uterus – der Maria eben jene Komponente der Sexualität und Fruchtbarkeit zurückerstattet, die ihr durch die unbefleckte Empfängnis abhanden gekommen war? Dort, wo sie wie eine – als eine – Göttin verehrt wurde, mag der Ruf ihrer Wundertätigkeit nicht genügt haben. Sie mußte auch um die elementaren Dinge der Zeugung und Geburt wissen, um das Vertrauen der Frauen, die sich in ihrer Not an sie wandten, gewinnen zu können. Noch stand sie in Konkurrenz zu den heidnischen

Gottheiten, die weiterhin verehrt wurden. Das Haus brachte sie ihnen näher. Und es bot gleichzeitig Gelegenheit, Jesus Christus als neuen Herrn, als Herrn *(dominus)* des Hauses *(domus)* einzuführen, denn er wird ja gemeinsam mit seiner Mutter auf dem Dach sitzend dargestellt. Auch am Tempel der Cupra wird das Symbol des Hauses überragt von einer männlichen Figur. Zweitausend Jahre mögen die beiden kultischen Darstellungen voneinander trennen. Ihre Parallelen springen ins Auge. Zufall?

Cupra – auf den Spuren einer unbekannten Gottheit

»Cupra« – ein ungehörter Name, und doch irgendwie vertraut. Ein Name, der mich neugierig gemacht und weiter in die Marken gelockt hat, wo sich zwei Städte nach der alten Gottheit benennen: Cupra Marittima, ein kleiner, zunächst unscheinbarer Badeort an der Küstenstraße, und Cupra Montana, ein etwa 100 Kilometer entferntes, nordwestlich gelegenes Hügelstädtchen.

Die Namen verweisen auf das, was beide Ortschaften miteinander verbindet: auf die gemeinsame Kult- und Kulturgeschichte in vorchristlicher Zeit.

Auf dem Gebiet der heutigen Regionen Emilia-Romagna, Marken und Abruzzen lebten einst die Picenter. Woher dieser Stamm ursprünglich kam und wie er sich im einzelnen zusammensetzte, ist unbekannt. Wahrscheinlich gehörte er zum Volk der Sabiner, das im 9. Jahrhundert vor Christi Geburt die Umbrer verdrängt hatte. Als Stammestier ehrte es den Specht, nachdem es sich auch benannte (lateinisch: *Picus*). Das, was man von ihm weiß, stammt aus den Gräbern seiner Totenstädte. Die Picenter gaben ihren Toten Helme und Lanzen, Schmuckstücke und Keramiken mit ins Grab; ihren Frauen legten sie sonderbare bronzene Reifen auf Brust und Unterleib. Die Funde bezeugen, daß es sich bei der picentischen um eine entwickelte Kultur handelt, die enge Verbindungen zum Balkan, zu Griechenland und Etrurien unterhielt und dementsprechend Elemente dieser Kulturen – und Sprachen – absorbierte.

Eine »unfaßbare« Göttin

Die einzige picentische Gottheit, von der wir heute noch Kenntnis haben, ist sie, die Göttin Cupra, die als Schöpferin allen Seins verehrt wurde. Wer die Gottheit näher kennenlernen will, muß Ungereimtheiten in Kauf nehmen, denn die Quellen drücken sich vage und widersprüchlich aus. So wissen wir beispielsweise vom römischen Griechen Strabo, der um die Zeitenwende lebte, daß das »Heiligtum der Cupra von den Tyrrhenern gegründet und errichtet wurde, welche die Hera Cupra nannten«. Die Tyrrhener, das waren die Etrusker, nur – eine Göttin namens Cupra kommt im etruskischen Pantheon nicht vor. Für einen anderen Römer, Silius Italicus, ist Cupra die Priesterin der Venus. In alten picentischen Inschriften taucht ihr Name in Verbindung mit »Matres« auf und rückt sie so in die Welt der alten Muttergottheiten. Eines nur steht mit Sicherheit fest:

Cupra ist als Gestalt nicht zu fassen. Es gibt kein Bild von ihr, das ihr Aussehen als einzig und ausschließlich festlegen könnte. Sie scheint mit der etruskischen Uni, den »Römerinnen« Juno, Venus und Dea Bona, den »Griechinnen« Hera, Demeter und Aphrodite, der phönizischen Astarte verwandt oder identisch. Alle diese weiblichen Gottheiten, die bei den verschiedenen »höher entwickelten« Kulturen die Figur der Großen Muttergottheit ablösten, erfüllten doch weiterhin ein und dieselbe Funktion: Sie waren für das Aufgehen der Saat in der Erde, für die Fruchtbarkeit der Felder und Menschen verantwortlich.

Die Gottheit Cupra ist demnach noch im Vorstadium der Konkretisierung beziehungsweise Personifizierung des Göttlichen und verkörpert somit eher eine Art Verbindungsglied zwischen den genannten antiken Göttinnen und der vorgeschichtlichen Mutter-Erde-Gottheit.

Versuch einer Identifizierung

Am ehesten kann Cupra noch mit Aphrodite, der Schaumgeborenen, identifiziert werden, denn auch sie trägt den Beinamen »Cypria« (Cupra = Cypria, die Zyprerin). Zyprische Seeleute könnten Aphrodite über dem adriatischen Hafen einen Tempel errichtet haben und ihn nach der »Zyprischen«, der Göttin ihrer Heimat, benannt haben: Ursprünglich war Aphrodite nicht die Göttin der Liebe, als die sie heute bekannt ist. Sie war die älteste Gottheit im Olymp, älter als der später herrschende Göttervater Zeus selbst, und eindeutig Walterin über die Fruchtbarkeit. Hören wir Aischylos, der Aphrodite folgendes sagen läßt:

»Der heilige Himmel sehnt sich danach,
die Erde zu umarmen,
und ein Liebesbegehren erfaßt auch die Erde.
Regen fällt vom freienden Himmel
wie ein Kuß auf die Erde.
Und, sieh da, für die Menschen erwachsen
die Weiden und die Früchte der Demeter,
während aus der feuchten Hochzeit
der Frühling wieder erblüht.
Und von all dem bin ich der erste Grund.«

Nehmen wir Cupra als *einen* der Namen, die jene archaische Betrachtungsweise der Welt, in deren Mittelpunkt die Fruchtbarkeit steht, bezeichnen. Das Konzept jener Weltsicht ist jedoch wesentlich komplexer, wie wir noch erfahren werden.

Cupra Marittima

Im Gegensatz zu den zahlreichen Orten, die sich an der markischen Adriaküste schmuck- und nahtlos aneinanderreihen, hat Cupra Marittima seinen Reiz: Das hübsche Städtchen liegt zwischen dem Meer und einer Hügelkette, die von der mittelalterlichen Stadt Marano und dem Kastell San Andrea bekrönt wird.

Zunächst einmal stehe ich im nur stundenweise geöffneten *Ufficio Turistico* am Marktplatz, wo die nette Signorina von einem Cupratempel noch nie etwas gehört hat. Immerhin verweist sie mich an die Gruppe der Freizeitarchäologen der Stadt, dem *Archeoclub* von Cupra Marittima, in der Nebenstraße.

Am nächsten Tag kann ich dann also, unter der so sachkundigen wie engagierten Führung von Vermiglio Ricci vom genannten *Archeoclub*, meine Exkursion in die Welt der Cupra starten. »Es gibt wenig zu sehen!« Die Fundamente des Tempels seien nur teilweise freigelegt und zudem inzwischen längst wieder überwuchert. Damit nicht genug, habe auch noch ein Privatmann mit guten Beziehungen zum Innenministerium sein Ferienhaus neben beziehungsweise auf die vermeintliche Tempelanlage gesetzt. Vorm Ortseingang geht es rechts ab – noch weisen gelbe Schilder auf die archäologischen Grabungsstätten hin. Doch dann verkümmert die Straße zum Feldweg, der immer enger wird und sich bald gabelt. Ohne Führung fände ich mich hier nicht zurecht. Signor Ricci jedoch beschreitet zielstrebig den Weg, der steil bergauf führt. Auf der Hügelspitze, mit schönem Blick auf Land und Meer, erblicke ich zunächst nur den bereits erwähnten Neubau. Oben angelangt, klettern wir auf den kleinen Wall, unter dem die überwucherten Fundamente des ehemaligen Heiligtums der Cupra ruhen sollen.

Bauernhaus auf den Fundamenten des alten Tempels in Cupra Marittima

Ja, der Ort stimmt. Nur braucht man Phantasie, um sich die Autobahn, die moderne Bebauung längs der Küste und den nebenstehenden Neubau wegzudenken, und das Bild der ursprünglichen Landschaft und des Meeres, das damals noch bis an die Hügelkette heranreichte, heraufzubeschwören.

Mein Führer tröstet mich: Vom Tempel der Venus sei mehr zu sehen, und außerdem gäbe es da noch eine besondere Überraschung . . .

Die Reste des Venustempels liegen unterhalb, im Zentrum der einstigen römischen Stadt – genauer: am ehemaligen Forum selbst. Der Weg führt uns ein gutes Stück an der alten römischen Stadtmauer entlang, zu deren Bau auch die kleinen picentischen Backsteine wiederverwendet wurden, auf die Signor Ricci mich aufmerksam macht. Hier und da sind Mauerstücke bei Erdrutschen aufgebrochen, 3000

Jahre alte Backsteine liegen haufenweise neben, unter und über den Natursteinen der Mauer. An bestimmten Stellen liegen selbst Ton- und Keramikfragmente lose unter dem dichten Buschwerk. (Das Heimatmuseum der Stadt quillt über von solchen Funden aus der Römerzeit, wie sie Schulklassen und Studenten bei der Grabungskampagne des Jahres 1992 aus dem Boden geholt haben. Grobe und feinste Keramiken, der schwarze etruskische Bucchero oder aretinische Keramik, in dunklem Rot gebrannt. Glasscherben in allen Farben. Und eine unendliche Zahl von tönernen Deckeln, die ihre Krüge überdauert haben. Der *Archeoclub* vermutet hier eine antike Müllhalde.)

Der Venustempel

Auch vom Venustempel ist zunächst wieder nichts weiter zu sehen als ein Haus, das über dem soliden Fundament des Tempelpodiums erbaut wurde. Sein ältester Teil wurde ganz offensichtlich einst aus dem antiken Material der römischen Stadt – zu deren Bau wiederum die picentischen Backsteine Verwendung fanden – gemauert. Inzwischen ist das Bauernhaus selbst fast schon eine Ruine.

Auf seiner Rückseite, dort, wo eine weite Ebene leicht zum Meer hin abfällt, stehen die beiden römischen Torbogen, beziehungsweise ragen ihre Spitzen aus dem Wiesengrund. Einer rechts, einer links, und dazwischen zeichnen sich noch klar die breiten Stufen ab, die einst als majestätische Treppe zum Podium des Tempels hinaufführten. Die im vergangenen Jahrhundert entdeckten Fundamente zogen Altertumsforscher von nah und fern an; auch der deutsche Historiker Mommsen war gekommen, die Funde zu begutachten. Deutlich konnte er die Säulenreihen, die Ausmaße (8 mal 26 Meter) und die ehemalige Struktur des Tempels nachvollziehen. Die »neue« Entdeckung, die zuvor angekündigte »Überraschung« und der ganze Stolz der Archäologen, wartet unter dem linken Torbogen. Sie liegt da ohne jeglichen Schutz, so daß Wind und Wetter ihre Botschaft Tag für Tag schwächer werden lassen: »Sie«, das ist der *Cippo di Cupra,* der Säulenstein der alten Gottheit, der in Bild und Schrift den Glauben und die Weltsicht des alten Volkes wiedergibt.

Der viereckige Monolith ist etwa 1,60 Meter lang, unscheinbarer als ein Menhir oder Dolmen, gewichtiger jedoch als ein Grabstein. Ich gehe vor ihm in die Knie und versuche, etwas von seiner Zeichnung zu erkennen. Auf seinem oberen Stück sind noch einige der Linien erhalten, die in den porösen Sandstein geritzt waren. Zwar ist die ursprüngliche Darstellung nicht mehr vollständig, doch kann ich sie mit Hilfe einer Vorlage eindeutig rekonstruieren. Vor fast zwei Jahrzehnten, als der Stein bei Bauarbeiten zutage kam, war die Gravierung noch ganz klar zu sehen, und auch die Schriftzeichen darunter konn-

Der »Cippo« der Cupra

ten entziffert werden. Zum Glück haben die Leute vom *Archeoclub* damals alles fotografiert und nachgezeichnet.

Botschaft doppelter Geschlechtlichkeit . . .

Da war zunächst das Haus, von dem heute nur noch das schräg karierte Dach auszumachen ist. Aus dem Dach hervor wächst der Kopf eines Mannes, der zum Himmels schaut. Er trägt einen kurzen Bart und einen Helm, ähnlich denen, die in den picentischen Gräbern der Gegend gefunden wurden. Seine Lanzenspitze weist wie sein Blick nach oben. Nicht betend, herrschend ist sein Gestus. Das Haus kann gleichermaßen als sein Körper, sein Kleid gesehen werden. Dann wird das Fenster zu seinem Penis, der zur Tür zeigt. Die Tür wiederum, ein Karo, versinnbildlicht die Vagina, Ein- und Ausgang zum Haus-Uterus. Die Botschaft der doppelten Geschlechtlichkeit der Zeichnung wird durch die Schriftzeichen darunter bestätigt: »COPRIS MA – PMARS PATHER« (Cupra Mater, Mars Pater).

. . . und ewiges Prinzip des Weiblichen

Cupra hat kein Gesicht, ist keine Gestalt, die mit sich eins und nur eins wäre. Cupra ist das ewige Prinzip des Weiblichen, das Haus, die Grotte, der Schoß. Schon ihr Name verrät ihr Wesen: Kypris/Kupra setzt sich aus den beiden Silben *Kup* und *Ra* zusammen. Im Griechischen bedeutet der Wortstamm *Kup* soviel wie Grotte, *Ra* den Frühling, das Blühen und Werden. Cupra – der Name ist bereits Programm.

Die Frage stellt sich, warum der *Cippo* nicht am Ort des höher gelegenen ehemaligen Heiligtums der Cupra, sondern *über* den Fundamenten des späteren Venustempels der römischen Stadt zum Vorschein kam. Auch hierfür gibt es eine Erklärung. Eine guterhaltene Inschriften-Platte, die eben hier gefunden wurde, erinnert an die Restaurierung des Heiligtums der Cupra unter dem römischen Kaiser Hadrian im Jahr 127: ». . . HADRIANVS AVG POTIF

Picentischer »Fruchtbarkeitsreif«

MAXS TRIB POTESTA XI COS III MVNIFIVENTIA SVA TEMPLUM DEAE CUPRAE RESTITVIT«. Die Wiederherstellung könnte, so vermutet man heute, in der Weise erfolgt sein, daß man die Heiligtümer der beiden Gottheiten zusammengelegt hat. Dabei wurde der *Cippo* in den stattlicheren Venustempel überführt, und von nun an verschmolzen Cupra und Venus endgültig zu einer Göttin: Zahlreiche Darstellungen aus der Römerzeit wiederholen das Motiv des *Cippo*, der Cupra mit dem Kriegsgott Mars zeigt, nur daß Cupra durch die Venus ersetzt wird (berühmt ist die marmorne Mars-Venus-Skulptur im Louvre oder die Mars-Venus-Gruppe im Kapitolinischen Museum).

Der Hügel und seine gesamte Umgebung standen also unter dem Zeichen der Fruchtbarkeit, unter dem Schutz sowohl der alten picentischen Göttin Cupra als auch jenem der römischen Venus.

In den Gräbern, die beim Bau des Autobahntunnels entdeckt und freigelegt wurden, fiel neben den mehr oder weniger üblichen Bestattungsbeigaben eine Besonderheit auf. Den Frauen waren kupferne Reifen mit symmetrisch angeordneten Verdickungen auf Brust und Schambereich gelegt worden. Noch fand man keine eindeutige Erklärung, wenn die Antwort auch mit Sicherheit im Bereich der Sexualität/Fruchtbarkeit zu suchen ist. Es gibt eine Theorie, derzufolge die Verdickungen die Mondphasen darstellen, wie sie für den weiblichen Zyklus von Bedeutung sind. Es können vier, fünf oder sechs sein. Möglicherweise symbolisieren sie aber auch die Zahl der Kinder, die eine Frau geboren hat.

Der Hügel der heilenden Wasser

Der Wasserreichtum der Gegend unterstreicht deren »fruchtbaren« Charakter gleichfalls. Wasser war eine unabdingbare Voraussetzung für eine Kultstelle der Fruchtbarkeit, denn es bedeutete das Leben, den göttlichen Samen selbst. Besonders zahlreiche Quellen und Wasseradern durchzogen den Colle San Basso, auf dem der alte Cupratempel stand. So viele, daß in römischer Zeit zu seinen Füßen riesige Zisternen errichtet wurden, die *Bagni di Nerone,* welche die Stadt mit Wasser versorgten und die Felder bewässerten. Daneben sprudelte hier »therapeutisches Wasser«: unterhalb des Heiligtums entsprang – und entspringt – eine Quelle, die *Acquarossa* (rotes Wasser), *Acquasanta* (heiliges Wasser) oder *Fonte di San Basso* (Quelle des Heiligen Basso) genannt wird. Ihr Wasser soll noch bis in die jüngste Vergangenheit bei Frauenleiden und gynäkologischen Problemen Verwendung gefunden haben.

Im 6. Jahrhundert wurde neben ihr die Kirche des Märtyrers Basso errichtet, dessen Reliquien aus Nizza überführt und hier beigesetzt worden waren. Der

Bischof und Heilige sollte hier die Schutzfunktionen übernehmen, die zuvor die heidnischen Muttergottheiten Cupra und Venus erfüllt hatten. Also zog er sozusagen bei ihnen ein und übernahm wie ein Sohn gleichsam das mütterliche Erbe: die durch alte Kulte bereits geweihte Zone, das gesundheitsspendende Wasser der magischen Quelle, die von nun an seinen Namen trug. Noch heute ist er der Schutzpatron von Cupra Marittima.

Cupra Montana

Fast zwei Stunden Fahrtzeit braucht man, um von Cupra Marittima in das Hügelstädtchen Cupra Montana zu gelangen. Etwa auf halber Strecke sieht man zur Linken das Heiligtum der Schwarzen Madonna von Loreto auf seinem Hügel thronen.

Kurz nachdem ich die verkehrsreiche Küstenstraße verlassen habe, breitet sich vor mir eine weite, saftig grüne Kultur-Natur-Landschaft aus, in der sanfte Hügelketten sich wie Wellen hintereinanderreihen. Im Süden jedoch ragt der skurrile Monte San Vicino schroff empor, noch einmal hat Neuschnee seinen Gipfel eingehüllt. Ich fahre durch die Gegend, die Lust macht auf Wandern und darauf, sich mit den Blicken in der Ferne zu verlieren. Großzügige Weite und alte Städtchen auf den Anhöhen, die sich harmonisch in sie einfügen. Cupra Montana ist eines davon.

Es ist Sonntagmorgen, auf der Piazza stehen Männer in Grüppchen zusammen, um dies und jenes zu diskutieren. Da reicht eine Frage, dem Nächstbesten gestellt, und schon schart sich eine stetig wachsende Menschentraube um mich: Wenn schon mal Fremde in die Stadt kommen, dann mit Sicherheit wegen des lokalen Weins, des berühmten *Verdicchio*, der hier seine »Hauptstadt« hat. Sonst wird sich wohl kaum ein ausländischer Tourist hierher verirren, und bestimmt hat noch niemand jemals nach dem Tempel der Cupra gefragt. Die Einheimischen bestätigen zwar voller Enthusiasmus das Vorhandensein wichtiger archäologischer Grabungen, doch gehen die Meinungen darüber, wo die Fundamente des Tempels zu sehen seien, weit auseinander. Aber natürlich weiß man auch hier Rat und läuft los, die »Archäologen« des Ortes zu verständigen.

Zwei kundige Führer

Da kommen sie auch schon: Es sind der pensionierte Uhrmacher Tullio Uncini und sein »Schüler« Pacifico. Die beiden lassen es sich denn auch nicht nehmen, mich persönlich den ganzen Sonntag über mit den Grabungen und Funden ihres Städtchens und den Theorien, die daraus zu entwickeln sind, vertraut zu machen. Zunächst einmal werde ich in Tullios alten Fiat verfrachtet, der uns in waghalsigem Tempo zum Cupratempel bringt – beziehungsweise dorthin, wo er vermutlich stand. Das ist die freie Fläche vor dem heutigen Friedhof, auf der sich einsam und unvermittelt ein Bauernhaus breitmacht – wieder einmal über antiken, wenn nicht sogar über den Fundamenten des Tempels selbst. Das Haus steht heute verlassen da. Seine ehemaligen Bewohner waren zweifellos zu beneiden, denn eine schönere Lage läßt sich nur schwer denken: vor dem Haus ein offenes, ebenes Gelände, eine Art Hochplateau, mit dem Friedhof als dessen Ausläufer. Ringsum präsentiert sich eine weite Bilderbuchlandschaft, an deren sanften Hügeln Wein und Getreide bestens gedeihen. Wasserläufe bahnen sich ihren Weg zum Meer, während bei klarem Wetter die Sibyllinischen Berge im Süden gut zu erkennen sind. Fast 2500 Meter hoch ragt deren höchster Berg, der Monte Vettore, zum Himmel empor. Gebrochen wird der Blick nur von der häßlich schroffen Außenwand der

Friedhofsmauer. Als der Friedhof in den sechziger Jahren des letzten Jahrhunderts hierher verlegt wurde, geschah dies gegen den Widerstand der Bevölkerung. Die hätte auf dem Gelände der alten römischen Stadt Cupra lieber einen öffentlichen Park gesehen. Dennoch wurde die Neuanlage des Friedhofs durchgesetzt, mit der Begründung, daß an dieser Stelle sowieso schon, seit Menschengedenken, die Toten bestattet worden seien. Bei den Arbeiten entdeckte man dort, wo jetzt die Allee vorbeiführt, einen 26 Meter tiefen Brunnen und in diesem wiederum zahlreiche Statuenfragmente und Münzen, was auf einen kultischen Gebrauch schließen ließ.

Das Heiligtum und das Bauernhaus

In den darauffolgenden Jahren versuchte man auch, die genauen Fundamente des Cupratempels auszugraben; antike Mauerreste wurden einige Meter vor dem Haus, das damals der Kurie gehörte, freigelegt. Dort sind sie auch heute noch zu sehen. Die rückwärtige Fassade des Bauernhauses sitzt auf den alten Mauern auf, der Unterschied zwischen den verschiedenen Mauer- und Gesteinsarten fällt sofort ins Auge. Davor, auf dem Boden, klaubt Pacifico mit geübtem Blick alte Münzen auf, vom Grünspan zerfressen und vom Lauf der Zeiten zu hauchdünnen Plättchen verschlissen.

So viele Münzen haben Tullio und Pacifico bereits gefunden! Im Rathaus wird der archäologische Schatz der Stadt gelagert – oder besser gesagt, was von ihm übrig ist. Das meiste, so bedauern die beiden, sei verlorengegangen – an Privatleute oder an Museen im In- und Ausland verkauft worden.

Das, was Cupra Montana heute noch vorweisen kann, reicht gerade aus, um die Bedeutung der Stadt im Altertum bezeugen zu können. So erinnert eine im Rathaus festgemauerte beschriftete Tafel, die hier gefunden wurde, daran, daß unter dem römischen Kaiser Titus Aelius Hadrianus Antoninus Pius (138

Tempelsäulen am Bauernhaus Cupra Montana

bis 161) den bedürftigen Mädchen und Jungen von Cupra Montana ein Asyl geschaffen worden war: »Pueri et Puellae Alimentarii Cuprenses Montani«. Diese Tafel, die bereits im Jahr 1718 ans Tageslicht kam, schuf endlich Klarheit im langen Streit darüber, ob das antike Cupra Montana tatsächlich hier und nicht eher auf dem Hügel oberhalb von Cupra Marittima zu suchen sei. Zum Zeitpunkt der Entdekkung der Inschrift hieß das heutige Cupra Montana nämlich Massaccio. Wie Cupra Marittima hat die Stadt ihren ursprünglichen Namen erst im Zuge der italienischen Einigung im letzten Jahrhundert zurückerhalten.

Auch das nächste Haus, das erste auf der rechten Seite, wenn man in den Ort zurückgeht, birgt Geheimnisvolles. Zwar ist das Tor mit einem Draht verschlossen, und auch der verwilderte Zustand des Gartens lädt nicht gerade zum Betreten ein, aber meine Neugier bringt die beiden archäologischen Führer dazu, den Draht zu lösen und mir die Tempelreste, die sich an den Hauswänden sammeln, zu zeigen. Dicke Steinquader, aus einem Stück geschlagen, reihen sich wie ein enormer Sockel rund um das Haus aneinander. Gehörten sie zum Fundament des ehemaligen Tempelpodiums? Den Hausbewohnern dienten sie als Sitzbänke, als Blumenständer – schließlich mußten sie sich wohl oder übel mit den Blöcken abfinden, denn zum Wegschaffen waren sie zu schwer. Auch Säulenscheiben liegen und stehen wahllos herum. Nun drängt sich mir allerdings die Frage auf: Warum hier und nicht 200 Meter weiter beim Bauernhaus, unter dem der Tempel vermutet wird? Und tatsächlich gehen neuere Theorien in eine andere Richtung: Jenseits, auf dem Areal des jetzigen Friedhofs, könnte sich ein Theater befunden haben, denn ein halbkreisförmiges Rund schmiegt sich noch heute in den sanft abfallenden Hang des Hügels. Dann müßte der Tempel eher hier zu suchen sein, in unmittelbarer Umgebung dieses Hauses. Die Nähe zur Wasserquelle beziehungsweise zum Brunnen spräche jedenfalls dafür, ebenfalls die exponierte, dominierende Lage inmitten einer besonders fruchtbaren Landschaft.

Wo war der Platz des Tempels?

Ob hier oder da – dafür, daß Cupra Montana in alten Zeiten Ort archaischer Fruchtbarkeitskulte war, gibt es gleich eine ganze Serie von Indizien:

Zwischen dem 10. und 13. Jahrhundert entstanden hier zahlreiche Kirchen und Klöster, darunter das Frauenkloster der Maria Magdalena. Etwa 20 Kirchen der Gegend sind noch heute der Maria oder anderen weiblichen Heiligen geweiht! Die Vermutung drängt sich auf, daß sie das Erbe der alten

Magna Mater antraten. Neben dem hier vorhandenen Wasserreichtum, der in den vielen Quellen und Brunnen der Stadt sichtbar wird, fällt eine Quelle besonders auf. Es ist die *Fonte di Capriola* in der gleichnamigen Straße, die in einigen Schriften auch *fons caprarum* genannt wird. Wegen ihrer Nähe zur Tempelzone drängt sich der Verdacht auf, daß sich im Laufe der Zeit das »u« zu einem »a« wandelte,

Quelle der Göttin?

daß die *fons cuprarum*, die Quelle der Göttin, zur »Quelle der Ziegen« *(caprarum)* wurde. Daß es mit ebendieser Quelle etwas Besonderes auf sich hatte, verdeutlicht die Geschichte vom armen Hütejungen B. Giovanni Maris, die sich um sie rankt: Im 13. Jahrhundert soll der kindliche Ziegenhirte in einer Zeit großer Trockenheit, während der Tiere und Menschen fürchterlichen Durst litten, die Quelle auf wunderbare Weise aus der Erde gelockt haben. Und bis auf den heutigen Tag ist sie die ergiebigste geblieben.

Ein weiteres Charakteristikum der Gegend sind die zahlreichen Grotten in den Tälern und Schluchten, die in der Mystik der Urbevölkerung – wie das Haus – den weiblichen Schoß und damit die Fruchtbarkeit symbolisierten.

All diese Elemente eines uralten Kultes leben in der mönchischen Tradition des Mittelalters fort:

- das rituelle Bad im römischen Wasserbecken;
- der Kult des geweihten und heiligen Wassers – *Acqua Santa* – , das bestimmten Quellen entnommen und zu festgesetzten Anlässen getrunken wurde,
- sowie die Hinwendung zur Mutter Erde durch ein Leben in den Grotten jener tiefen Schlucht zwischen Cupra Montana und Poggio Cupro, in die sich seit der Jahrtausendwende Einsiedler zurückgezogen hatten.

Die »wilde« Einsiedelei bestand über viele Jahrhunderte fort, bis die Kamaldulensermönche, die »Weißen Brüder«, im Jahr 1522 den Grundstein für das Kloster »Eremo delle Grotte« legten.

Im »Wald der Weißen Brüder«

Auch nach Fertigstellung des Konvents lebten die Mönche noch lange Zeit in den Höhlen, wie zuvor die Eremiten; die Hege des Waldes war eine ihrer ersten Aufgaben. So ist es nicht nur den besonderen landschaftlichen und klimatischen Verhältnissen zu verdanken, daß sich um das Kloster herum ein Wald erhalten konnte, wie er heute nur noch sehr selten vorkommt. Im »Bosco dei Frati Bianchi«, dem »Wald der Weißen Brüder«, einer Art mediterranem Urwald, vermochten Pflanzen zu überleben, die anderswo längst ausgerottet sind.

Doch schon macht sich die Natur wieder daran, das von Menschenhand geschaffene Heiligtum zurückzuerobern: Der Konvent ist verlassen und ausgeplündert, Erdrutsche haben viele der Grotten mit in die Tiefe gerissen. Die Vegetation hält in den Mauern bereits triumphierenden Einzug, und eine weitere Kultstelle liegt im »Sterben«. Was bleibt, ist die Weihe ihres Ortes – da, wo ein hoher Wald zum Himmel weist, wo ein schroffes Tal und tiefe Höhlen sich in den Leib der Mutter Erde graben, wo ein Wasserlauf Himmel und Erde miteinander verbunden hat.

Latium

Cerveteri: etruskische Totenstadt

»Hoc inter nos et Tuscos . . . interest: nos putamus, quia nubes colliscae sunt, fulmina emitti; ipsi existimant nubes collidi, ut fulmina emittantur; nam, cum omnia ad deum referant, in ea opinione sunt, tamquam non, quia facta sunt, significent, sed quia significatura sunt, fiant.«

Seneca der Jüngere, 4–65 n. Chr.

»Der Unterschied zwischen uns und den Etruskern ist folgender: Wir glauben, daß die Wolken, wenn sie aufeinanderprallen, Blitze entsenden; jene glauben, daß die Wolken aufeinanderprallen, *um* Blitze zu erzeugen; indem sie alles dem Göttlichen zuschreiben, sind sie nicht nur der Meinung, daß alles, was geschieht, eine Bedeutung hat, sondern daß es nur deshalb geschieht, *weil* es eine Bedeutung hat.«

Seneca hat sie noch gekannt: jene gewaltige tausendjährige Kultur, die vollkommen in den Kräften der Magie wurzelte. In seinem kleinen Wolken-Beispiel verweist er auf die Kluft, welche die etruskische Weltsicht vom »modernen« Denken trennte, das aus Griechenland nach Rom gelangt war. Rationalität und Logik waren den Etruskern fremd gewesen: Nicht Naturgesetze hatten sie studiert, sondern den göttlichen Willen gedeutet, der sich in den einzelnen Erscheinungen ausdrückte.

Als Aberglaube wurde ihre Religion von den siegreichen Römern abgetan und bekämpft, wenngleich sie sich selbst auch noch lange Zeit, öffentlich oder insgeheim, der etruskischen Wahrsager-Meister auf dem Gebiet der Leberschau und der Deutung des Vogelflugs bedienten.

Die Regeln dieses Volkes, seine Gesetze, Riten und Erkenntnisse, die in den »Disciplinae etruscae« festgehalten waren, wurden vernichtet, gingen verloren. Vielleicht auch, weil bald schon niemand mehr ihre Schrift lesen konnte, die bis heute unentschlüsselt blieb.

Das Volk aus dem Nichts . . .

Ausgerechnet von dem Volk, das vor fast drei Jahrtausenden mit einer hochentwickelten Kultur aus dem Osten kam und mit dem in Europa die Zeit »primitiver« Vorgeschichte endete, wissen wir so gut wie nichts. Noch immer spekuliert man über seine genaue Herkunft. Das Rätsel um die etruskische Sprache ist nach wie vor ungelöst: Sie ist zwar entzifferbar, jedoch unverständlich; man kennt keine andere Sprache, mit der sie verwandt sein könnte.

Wenig ist geblieben. Aber das, was blieb, teilt sich uns auch mit – jenseits aller hermeneutischen Methoden. Es reicht aus, um den Geist dieses Volkes ahnen zu können: ein Bild, eine Statue, eine Urne – plötzlich kann es dasein, das Begreifen einer Nachricht, die von einem unbekannten Etrusker zu uns hinübergelangt. Zwei Linien führen vom Damals zum Heute: diejenige, die den Menschen aller Kulturen gemein ist – die Auseinandersetzung mit den Bereichen der Geburt, der Sexualität und Fruchtbarkeit, mit dem Göttlichen und dem Tod. Eine zweite Linie, die das Verstehen der »Nachrichten« darüber hinaus vereinfacht, beruht schlicht und einfach auf der Erkenntnis, mit nichts »Fremdem« konfrontiert zu werden: Die Kultur ist, trotz aller orientalischen Anklänge, die unseres Abendlands.

Die Gräber aus den verschiedenen vorchristlichen Jahrhunderten reflektieren die Geschichte des etruskischen Volkes, dessen Kultur sich immer stärker verfeinerte – bis zu ihrer allmählichen und endgültigen Auflösung. Ihre Inhalte gingen verloren. Von den technischen, handwerklichen und künstlerischen Fertigkeiten des Volkes profitierten zunächst noch die Römer: von der hohen Bildhauer- und Goldschmiedekunst; von der enormen Musikalität der Etrusker, dem berühmten etruskischen Flötenspiel; von den raffinierten Be- und Entwässerungstechniken, vom Wissen um Metallgewinnung; von der gekonnten Zukunftsdeutung der Priester und vielem mehr. Doch auch dies reduzierte sich nach und nach auf ein Minimum. Überlebt haben Symbole, deren ursprüngliche Bedeutung bald keiner mehr kannte: der bischöfliche Hirtenstab, das königliche Purpur, das Rund der Mausoleen, die *fasces* – Rutenbündel mit der Doppelaxt –, die Kriegstrompete . . .

. . . und seine Nekropolen

Und die Totenstädte sind uns geblieben: natürlich nur einige, und sie sind nicht vollständig, oft nur einzelne Gräber, seit ewigen Zeiten leergeplündert. Dennoch bieten die zugewachsenen Gräberfelder der Nekropolen noch immer Gelegenheit, einzutauchen in die vergangene Welt jenes Volkes, das dem Tod eine so ungeheure Bedeutung beigemessen hat. Schließlich blieben die Orte, die einst nach strengen kultischen Regeln ausgewählt und geheiligt wurden, dieselben – manchmal fast unverändert. Es heißt, für die Etrusker seien Religion und Leben eins gewesen; in den Totenstädten merkt man, daß sie auch zwischen Leben und Tod nicht den entschiedenen Trennstrich gezogen haben, ohne den wir heute meinen, nicht existieren zu können. Ihre gesamte Kultur kreiste um den Tod und die Toten, den Übergang in die Unterwelt. So ist es nahezu folgerichtig, daß die Nekropolen erhalten sind, und nicht die

Städte der Lebenden, denen sie in stilisierter Form nachgebildet wurden: als sei so das Essentielle gerettet.

Den Zugang zu ihrem Verstehen, den muß jeder für sich finden.

Cerveteri ist heute ein ganz normales italienisches Hügelstädtchen, etwa 45 Kilometer nördlich von Rom, mit Blick aufs Meer. Die älteste Straße Italiens, die Via Aurelia, führt hier vorbei, aber auch per Bahn kann man den Ort erreichen.

Ein mächtiger Staat

Im 6. und 7. Jahrhundert vor Christi Geburt hieß Cerveteri vermutlich »Chaire« oder »Kisra« und war der mächtigste etruskische Stadtstaat jener Zeit. Im Norden grenzte sein Territorium an das der noch älteren, wahrscheinlich ältesten aller Etruskerstädte, Tarquinia; im Süden schloß sich das Gebiet von Veio (Veji) an. Die Römer nannten die Stadt »Caere«, nach dem kleinen Flußlauf, an dessen Ufer Äneas einst von seiner Mutter, der Göttin Venus, jene wunderbare Rüstung überreicht bekam, die ihm der Gott Vulkan geschmiedet hatte. Vergil berichtet:

»Es ist ein großer Wald beim eiskalten Fluß der Caere hoch verehrt im Glauben der Väter; von allen Seiten umschließen ihn steile Hügel und ein Wald schwarzer Tannen. Es heißt, dem Silvanus, Gott der Felder und Herden, hätten die alten Pelasger den Ort und einen festlichen Tag geweiht, diejenigen, die zuerst auf lateinischem Boden lebten.«

Dieses uralte Land war mit Sicherheit bereits in der Bronzezeit (um 1000 v. Chr.), wenn nicht früher besiedelt. Daß sich aus den einfachen Ansiedlungen von Bauern und Hirten im Laufe der Jahrhunderte eine mächtige Stadt entwickeln konnte, verdankte Cerveteri seiner einzigartigen, geschützten und zugleich zentralen Position. Früh schon wurde es Anlaufstelle der seefahrenden Völker an den Häfen von

Alsium (Ladispoli), Pyrgi (Santa Severa) und Punicum (Santa Marinella).

Macht und Reichtum der Stadt gründeten auf dem intensiven Handel, der über ihre drei Häfen mit dem gesamten Mittelmeerraum im Austausch stand. Keramiken, Gold- und Silberschmuck, Elfenbein und vielerlei andere Kostbarkeiten brachten griechische und phönizische Händler an Land. Besonders eng waren die Beziehungen zu Griechenland, das die Einwohner Cerveteris als ihre geistige Heimat betrachteten. Wie sonst wäre es zu erklären, daß sie ihre Schätze als Gaben an Apollon im Heiligtum von Delphi deponierten? Keine andere etruskische Stadt verfügte dort über einen *thesauròs*, einen Tempelschatz. Zwar waren fast alle griechischen Götter auch bei den Etruskern heimisch, ihr Glaube jedoch und die Form ihrer Verehrung unterschieden sich deutlich.

Geistige Heimat Griechenland

Von der etruskischen Stadt ist wenig erhalten, nur ihre Lage läßt sich noch genau nachvollziehen: Sie breitete sich über der kleinen Hochebene aus und hatte in dem nach drei Seiten schroff abfallenden Tuffstein einen natürlichen Schutz gefunden. Seit dem Zeitpunkt ihrer Gründung, die irgendwann im neunten vorchristlichen Jahrhundert erfolgt sein muß, behielt die Stadt ihre Grenzziehung über fast tausend Jahre hinweg unverändert bei. Die Totenstädte aber wuchsen und dehnten sich immer weiter aus, zumal man schon ziemlich bald dazu überging, die Toten nicht mehr einfach zu verbrennen, sondern – mehr oder weniger aufwendig – zu bestatten. Parallel zum Reichtum der Stadt erhöhte sich der Aufwand, der um die Verstorbenen und ihre Gräber getrieben wurde. Neben den »wilden« Begräbnisplätzen entstanden wirkliche Totenstädte, die nach klaren urbanistischen Regeln geplant und den Wohnorten der Lebenden nachgebaut wurden.

Nicht nur die äußere Struktur der Nekropolen vollzog das Netz der städtischen Straßen und ihrer Gebäude nach, auch die einzelnen Tomben (Gräber) selbst imitierten weitgehend die Bauweise und Ausstattungen der Wohnhäuser.

Die Nekropole, die als am vollständigsten erhaltene den sinnlichsten Eindruck vom Totenkult des alten Volkes vermitteln kann, ist die auf der Anhöhe von »Banditaccia« nordwestlich der Stadt. Da zu ihr aber auch die meisten Besucher kommen, empfiehlt es sich im Sommer, direkt um neun Uhr mit der Besichtigung zu beginnen, um nicht von etwaigen Touristenbussen »überrollt« zu werden.

In der Stadt der Toten

Die ersten Schritte in der Totenstadt sind die aufregendsten. Noch nie, und dessen bin ich mir ganz sicher, bin ich über eine ältere Straße gegangen. Die Rillen, welche die Wagenräder der etruskischen Leichenkarren im porösen Stein hinterlassen haben, sind über 2500 Jahre alt. Und aus dem grauen Stein, der mal Natur ist, mal in Form gehauen, wachsen zu beiden Seiten diese gleichmäßig runden Hügel heraus. Von Gras und Buschwerk dicht bedeckt, wurden sie wieder Natur. Fast ist es wie in einem Wald, aber eben doch ganz anders. Alles duckt sich zum Boden, in die Horizontale, und nur vereinzelt erhebt sich hier und da der alte Friedhofsbaum, die Zypresse. Nirgends wird einem so deutlich wie hier, wie gut sie sich eignet, Himmel und Erde, Himmel und Unterirdisches, zu verbinden.

Schnell verliere ich die Orientierung. Wege stoßen aufeinander, verlassen sich. Egal wohin man sich bewegt: Überall bietet sich das gleiche Bild, und allenthalben liegen die Eingänge der Tomben geöffnet da, was sie damals bestimmt nicht waren. Ihre »Bewohner« haben sich aufgelöst, ihre Schätze wurden geraubt, landeten zum Teil im Museum. Die Tomben gleichen offenen Wunden, aber wen

Linke Seite: »Hauptstraße« der Totenstadt

schmerzt es noch, wenn Schulkinder in den Gruften Verstecken spielen?

Nun, mir fallen die ersten Schritte hinab nicht leicht. Zum einen vielleicht wegen der Dunkelheit, die mir im ersten Moment viel undurchdringlicher erscheint, als sie es tatsächlich ist, wenn die Augen sich an sie gewöhnt haben. Darüber hinaus aber macht sich ein gewisses Unbehagen bemerkbar bei dem Gedanken, daß dieser Ort nicht für mich gemacht wurde, nicht für mich und nicht für irgendeinen der zahlreichen Besucher.

Häuser für die Verstorbenen

Die meisten Rund- oder Kuppelgräber, Tumuli, der Totenstadt stammen aus dem siebten bis fünften vorchristlichen Jahrhundert, wurden aber zuweilen über mehrere Jahrhunderte als Familiengruften benutzt. Im allgemeinen sind sie stets nach dem gleichen Schema angelegt:

Zunächst führen ein paar Stufen, die in den weichen Tuff geschlagen wurden, hinunter in den Grabgang, den *Dromos.* Die Haupt-Grabkammer liegt dann am Ende des Ganges, zu dessen Seiten sich jeweils eine weitere Zelle befindet. Auf den steinernen, in den Fels gehauenen seitlichen Bänken wurden die Toten deponiert. Die Etrusker strebten schon früh danach, die Persönlichkeit des Verstorbenen und sein Äußeres festzuhalten. Im Gegensatz zu den Ägyptern bewerkstelligten sie dies jedoch nicht durch Mumifizierungen der Leichname, sondern indem sie sich bemühten, die Verstorbenen künstlerisch darzustellen. Vielleicht verdanken wir diesem Urbedürfnis, einen Menschen in der Blüte seines Lebens darstellerisch zu »bannen« und vor der Vergänglichkeit retten zu wollen, die Kunst der Skulptur und Bildhauerei. Ganz so abwegig ist dieser Gedanke nicht; die ersten Versuche, einen konkreten Menschen darzustellen, finden sich tatsächlich bei den etruskischen Urnen. In zunächst sehr grober

Tumuli – Rundgräber

Form bezeichnete man durch die Form des Gefäßes das Geschlecht des Toten oder seinen Stand. So erhielt eine Urne mit der Asche eines Soldaten dessen Helm als Deckel. Aus der zunächst noch stilisierten Andeutung des menschlichen Gesichts wurde nach und nach ein genaues Konterfei des Toten, das sich schließlich »verselbständigte«, das heißt vom Totenkult löste. Die Porträts und Statuen der Etrusker aus den letzten Jahrhunderten ihrer Zeit stehen den griechischen in nichts nach.

Aus dem sechsten vorchristlichen Jahrhundert stammen die berühmten Darstellungen auf jenen Sarkophagen, wie sie beispielsweise auch in der »Tomba di Sarcophagi« hier in Cerveteri gefunden wurden. Lebensecht ruhen die Verstorbenen in bequemer Seitenlage auf ihren Steinsärgen, so als verweile man noch bei einem der großzügigen Gastmahle. Manchmal liegen Mann und Frau beieinander. Ihre Haltung und Gestik vermittelt eine persönliche Würde und eine Zärtlichkeit ihrer Beziehung, wie sie nur unter »gleichberechtigten« Partnern herrschen kann. Beide Figuren fügen sich harmonisch aneinander – nicht als Gegensätze, sondern als Ergänzungen des einen durch die andere und umgekehrt. Mann und Frau tragen ihr Haar lang: der Mann offen, die Frau beidseitig zu jeweils drei Zöpfen geflochten, die unter der eng anliegenden Haube hervortreten. Sanft schützend liegt der Arm des Mannes auf der Schulter der Frau, beide blicken auf ihre Hände, die irgend etwas Bedeutungsvolles auszudrücken scheinen . . .

Unter all den griechischen und römischen Götter- und Heldenskulpturen nehmen diese etruskischen Paare eine Sonderstellung ein: als hätten nur die Etrusker dem Menschen – beiderlei Geschlechts – und dem Verhältnis zwischen Mann und Frau eine so große Bedeutung zugewiesen. Aus den vielen Kunstwerken geht eindeutig hervor, daß die Frauen hier keineswegs vom öffentlichen Leben ausgeschlossen waren wie die Griechinnen, die nicht einmal an den Gastmahlen teilhaben durften. (Die beschriebenen Sarkophage werden zum Teil im Museum Villa Giulia oder im Pariser Louvre ausgestellt. Am Pförtnerhäuschen oder beim kleinen etruskischen Museum von Cerveteri findet man sie jedoch auf Postkarten abgebildet.)

Die prächtigsten Tumuli hier auf dem »Banditaccia«-Hügel erreichen Durchmesser von 30 Metern. Es sind die Gräber mächtiger Familien aus dem vierten vorchristlichen Jahrhundert, aus einer Zeit, in der sich die etruskische Kultur bereits mit der römischen zu vermischen begann. Sie liegen unter den großen gemauerten Kuppeln, die sich zu den Straßen hin öffnen, und alle weisen sie irgendwelche Eigenheiten auf.

Rechte Seite: Blick aus dem Grabgang

Da gibt es die »Tomba dei Rilievi«, an deren In-

nenwänden Gegenstände des täglichen Gebrauchs, Handwerkszeug und allerlei Gerätschaften reliefartig hervorgehoben sind. Die »Tomba degli Scudi e delle Sedie«, der Schilder und Sitze, stammt aus der Mitte des 6. Jahrhunderts vor unserer Zeitrechnung. Sie ist vollständig in den Fels gegraben und deshalb von besonderem Interesse, weil sie die Architektur etruskischer Wohnhäuser ihrer Zeit ganz genau wiedergibt: Ein Korridor führt vorbei an zwei seitlichen Kammern zu einer geräumigen Vorhalle, der sich drei weitere Kammern anschließen. Zwischen den drei Türöffnungen stehen zwei steinerne Throne unter runden Fenstern, die Schilden nachgebildet sind.

Entdeckung oder Sakrileg?

Wie muß den beiden Forschern Regolini und Galassi wohl zumute gewesen sein, als sie im Jahr 1836 das noch unversehrte Kuppelgrab der Fürstin Larthi aufbrachen, das heute nach ihnen benannt ist?

Ob sich neben dem Jubel über die »Entdeckung« (ent-decken: etwas Geschützes bloßlegen) nicht auch ein leichter Schauder eingestellt haben mag, beim aufkeimenden Gefühl, in einen verbotenen Bereich vorgedrungen zu sein, ein Sakrileg begangen zu haben?

Was die Forscher hier fanden, war und blieb einzigartig, denn kein anderes Grab einer Person von so hohem Rang hatte sein Geheimnis über all die Zeiten retten können. Die »Tomba Regolini-Galassi« gehört zur Nekropole von Sorbo im Süden von Cerveteri. Die Gegenstände, die der Fürstin ihren ewigen Schlaf oder – besser ihre lange Reise in die Unterwelt erleichtern sollten, bezeugen eindrucksvoll die kultivierte Lebenslust dieses Volkes, sein hochentwickeltes künstlerisches und handwerkliches Können und seinen engen Kontakt zu östlichen Kulturen. Die Pracht der Grabkammer selbst erinnerte an jene orientalischer Fürstengräber: Die adlige Tote, die am Ende des langen Ganges unter einem spitzgiebelig überdachten Raum lag, war über und über geschmückt. Nach altem orientalischen Brauch hatte man der Fürstin eine ovale Brustplatte über das mit Gold durchwirkte Gewand gelegt. Eine goldene Scheibenfibel diente dazu, das Gewand zusammenzuhalten. Zweifach umranken zarte Tierornamente fünf stolz ausschreitende Löwen, Symbole der Stärke, des Mutes, der Macht. Auf dem unteren Teil der Fibel erheben sich plastisch 50 winzige Enten; sie sind so zart gearbeitet, daß es an ein Wunder grenzt: die hohe Technik der »Granulation«, die die Etrusker hier angewandt hatten, blieb bis fast in die Gegenwart unerreicht! Das gleiche gilt für die Armreifen und all den anderen Schmuck, den die Fürstin noch immer trug. Zu ihren Füßen stand ein Trinkgefäß mit elf Bechern, auf jedem war ein Name eingraviert: Larthi. Neben der Fürstin waren in der Gruft noch drei weitere Personen beigesetzt worden, und auch die Urne eines Kriegers entdeckte man in einer Nische. Ansonsten standen im langen Hauptgang alle möglichen Geräte des täglichen Gebrauchs – zwei Kutschen, das sechsbeinige Bett der Toten; Rundschilde mit furchteinflößenden Pantherköpfen lehnten an den Wänden, Kupferkessel; silbernes und vergoldetes Eßgeschirr durfte natürlich nicht fehlen. Ihren bronzeverkleideten Thron fand ich ebenfalls hier, und sogar für Speisen hatte man gesorgt. (Der gesamte Schatz der Grabkammer ist heute im Gregorianischen Museum des Vatikans in Rom ausgestellt.)

Das Grab der Fürstin

Am Ende der »Banditaccia«, der Totenstadt, stoße ich auf die »Via degli Inferi«. Die *Inferi*, das sind die Götter der Unterwelt, und zu ihnen hinab scheint dieser Weg tatsächlich zu führen. Tief gräbt er sich in das Tuffgestein, das ihn von beiden Seiten schützt.

Hier sind die Gräber ungezählt, verwildert, überwuchert. Für Personen mit übersinnlichen Gaben, denen es vielleicht gelingt, Beziehungen zum Totenreich aufzunehmen, ist die »Via degli Inferi« ein absoluter Geheimtip. Ein gewisser Signor Tato, in Cerveteri kein Unbekannter, soll in seinen Trancen, in die er hier verfällt, eine nie gehörte Sprache sprechen – Etruskisch? Doch auch ohne ausgeprägte Sensitivität spürt man hier eine starke Energie, die von der Anwesenheit der Toten ausgehen mag, die hier bis heute ihr Reich erfolgreich verteidigt haben.

Rom

Der Kult des Mithras

Rom glänzt, obwohl umnebelt von den Abgasen seines chaotischen Autoverkehrs, mit einer Riesenfülle an Heiligtümern und Kultstätten aus allen Epochen unserer Geschichte. Rom, die Hauptstadt des Römischen Reiches, der Sitz der Christenheit, ist lebendige Geschichte seit Jahrtausenden.

Sosehr das Leben an der Oberfläche der Stadt auch pulsiert – es gibt noch ein anderes Rom, das unterirdische, verborgene. Dem will ich mich zuwenden, denn allein hier herrscht noch die Stille, durch die man die Stimmen der Vergangenheit vernehmen kann, wenn man die Sinne öffnet.

Unter der Erde, da liegt zum einen das Reich der Toten. Rom, die ewige Stadt – die atmet man in der feuchten Luft der Katakomben, wo die Zeit sich aufzulösen scheint in das bloße Nichts, das sie ist: Heute ist gestern, heute ist morgen. Nichts verändert sich hier, selbst die Temperatur ist seit fast zwei Jahrtausenden konstant. Eine Minute, ein Jahr, ein Leben: ein Tod. Was bleibt: Knochen, Staub und eine Ahnung von Ewigkeit.

Während die Christen ihre Toten begruben, wurde an anderen Orten des unterirdischen Rom ein Kult zelebriert, von dem nur wenige weniges wissen: jener des Mithras. Mithras, dem aus dem Stein, in der Grotte Geborenen, wurde zur Blütezeit seiner Verehrung im dritten Jahrhundert unserer Zeitrechnung in mindestens 50 römischen Tempeln gehuldigt, vielleicht waren es aber auch noch viel mehr. Sehr gründlich hat die Kirche in späterer Zeit danach getrachtet, jede Erinnerung an den heidnischen Kult im Herzen »ihrer« Hauptstadt auszulöschen, und fast wäre es ihr auch gelungen. Bis heute gibt es nur einen restaurierten Mithrastempel oder Mithräum, wie die Kultstätten genannt werden, und zwar unter der Kirche San Clemente. Ein anderes fand man in diesem Jahrhundert unter den Fundamenten der Santa-Pricsa-Kirche. Der Tempelbereich wurde auch freigelegt, doch scheint es so, als ob er nun dem schleichenden Verfall erneut preisgegeben sei.

Ein altpersischer Mythos ...

Der Mithraskult hatte seinen Ursprung in Persien. Er rankt sich um den folgenschweren Zweikampf zwischen Mithras und dem Stier des Mondes:

Der vor Kraft strotzende Stier tritt aus dem Mond, erblickt die Sterne, die Hölle. Er fühlt die erregende Weite des Universums, das er besitzen will. Da gewahrt er den orientalisch gekleideten Mithras, auf dessen Schulter sich ein Rabe niederläßt. Der Stier weiß: Dies ist der heilige Rabe Apollons, der Mithras die Botschaft des Gottes überbringt. Die Botschaft lautet: Stier und Mensch müssen kämpfen, und am Ende wird einer von beiden sterben. Es folgt ein Kampf, wie ihn die Sterne noch niemals gesehen haben. Die Gegner sind sich ebenbürtig. Da eilen Hund, Schlange und Skorpion dem Mithras zu Hilfe. Jetzt weiß der Stier, daß sein Ende besiegelt ist. Mithras ehrt das geopferte Tier und dankt den Gestirnen für das neu entstandene Leben, das nun erwacht. Aus dem Blut des Stiers erwächst alles Gute auf Erden. Doch auch der Skorpion ist verletzt worden: Sein Blut ist die Keimzelle des Bösen, das gleichzeitig mit dem Guten die Welt infiziert.

Apollon, auf dessen Geheiß Mithras in die Auseinandersetzung auf Leben und Tod gegangen war, holt den Helden nach einem üppigen Siegesmahl zu sich in die himmlischen Gefilde. Mithras ist nun ebenfalls ein Gott: der Sonne, des Lichts, des Guten.

. . . und wie er nach Europa kam

Der Mithraskult war über Griechenland nach Rom gelangt; die römischen Legionäre hatten ihn mitgebracht und verbreiteten ihn nicht nur in ihrer Heimat, sondern bis nach Germanien (Heddernheim, Dieburg) und England. Seine Gefolgschaft fand er überwiegend in Soldatenkreisen, deren Angehörige durch die strenge Einhaltung moralischer Tugenden wie Treue und Folgsamkeit auf Erlösung hofften. So wie Mithras als Belohnung für Gehorsam und Tapferkeit in den Himmel gelangt war, so sollte das gleiche all seinen Gläubigen widerfahren.

Der Mithraskult war eine ausgeprägt kosmische Religion. Die unterirdischen Mithräen sollten den Kosmos repräsentieren: Die Decken der Gewölbe zeigten die Sternbilder des Alls. Weiter wurden Sonne und Mond, die vier Jahreszeiten und die zu- beziehungsweise abnehmende Sonne symbolisiert. Im Mittelpunkt des Kults stand immer das Licht, die Sonne.

Im Jahr 61 nach Christi Geburt ließ sich der römische Kaiser Nero vom persischen Kaiser Tiridates als Wiedergeburt des Gottes Mithras verehren, und auch in den darauffolgenden Jahrhunderten waren alle Kaiser Anhänger des Kults. Seine größte Verbreitung fand er unter Kaiser Aurelian (270–275 n. Chr.), der den Mithraskult sogar zur offiziellen Religion des Kaiserreichs erhob: »Sol Dominus Imperii Romani«.

In dieser Zeit wurden die Christen besonders brutal verfolgt. Nach dem Tod Aurelians konnte sich der Mithraskult, der inzwischen mit dem des Gottes Baal gekoppelt war, noch bis in die Mitte des 4. Jahrhunderts nach Christi Geburt hinein halten. Dann aber setzten sich die Christen, die ihre Religion die ganze Zeit über im geheimen ausgeübt hatten, mit Vehemenz durch. Sie überfielen und sprengten die Gottesdienste der Mithrasanhänger und zerstörten deren Tempel und Kultstätten.

Während sie Relikte griechischer und römischer Götterkulte ohne weiteres ihrer Religion einverleibten, kannten sie beim Mithraskult keine Gnade: Alles, aber auch alles, was von ihm kündete, sollte restlos vernichtet werden.

Synkretismus

Nichtsdestotrotz gab es erstaunliche Parallelen zwischen den beiden Religionen. Die Überlagerungen beziehungsweise Übernahme bestimmter Elemente der einen Religion von der anderen bezeichnet man als Synkretismus, wobei nicht immer eindeutig zu sagen ist, wer sich was von wem angeeignet hat. Folgende Elemente sind sowohl im Mithrasglauben als auch in der christlichen Religion zu finden (und gewiß noch mehr als nur diese):

1. die Biographien des Mithras/Jesus, die beide am 24. beziehungsweise 25. Dezember in einer Höhle – in einem Stall – zur Welt kommen und im Alter von 33 Jahren in den Himmel auffahren;
2. die Idee der Dreieinigkeit: Mithras, Cautes und Cautopates waren wie Gottvater, Sohn und Heiliger Geist untrennbar miteinander verbunden;
3. das Opfer des eigenen Blutes im Mithraskult erinnert an die christliche Kommunion;
4. das Zeichen des Kreuzes;
5. die Taufe;
6. das gemeinsame (Abend-)Mahl;
7. die Elemente von Tod und Himmelfahrt;
8. die symbolische Gestik des Gottes/der Priester, etwa das Zeichen der segnend erhobenen Hände;
9. die grundlegende Annahme, daß nur der rechte Glaube zusammen mit moralischem Verhalten (Treue, Mut, Gehorsam) zur Rettung, das heißt Überwindung des Todes, führen kann;

10. die räumliche Nähe der Kultorte zueinander: Solange die Christen im verborgenen ihren Gottesdienst abhielten, gab es die direkte Nachbarschaft. Erst als das Christentum sich gegenüber dem Mithraskult als dominierende Religion durchsetzen konnte, nahm dieser ein gewaltsames Ende. Warum aber besetzten die Christen dann genau die Heiligtümer ihrer Feinde mit ihrer eigenen Gottheit? Lag darin nicht eine – bewußte oder unbewußte – Anerkennung der Weihe der Orte?

San Clemente

Die Kirche San Clemente an der gleichnamigen Piazza ist leicht zu finden, denn sie steht ganz in der Nähe des Kolosseums, zwischen der Via Labicana und San Giovanni in Laterano. Das Gotteshaus ist

Mithrastempel unter San Clemente

Abbildung 1

Abbildung 2

Abbildung 3

Abbildung 4

Abbildung 5

Abbildung 6

Abbildung 7

Abbildung 8

Abbildung 9

Abbildung 10

Abbildung 11

Abbildung 12

Abbildung 13

Abbildung 14

Abbildung 15

Abbildung 16

Abbildung 17

Abbildung 18

Abbildung 19

Abbildung 20

Abbildung 21

Abbildung 22

Abbildung 23

Abbildung 24

Abbildung 25

Abbildung 26

nach dem heiligen Clemens benannt, dem dritten Nachfolger von Petrus auf dem Bischofsthron. Der Legende nach soll er unter Kaiser Trajan auf die Krim verbannt worden sein, was ihn jedoch nicht hinderte, weiterhin seine Mitmenschen zum Christentum zu bekehren. Deswegen wurde er schließlich an einen Anker gebunden und ins Schwarze Meer geworfen, doch die Fluten wichen vor ihm zurück (abgebildet auf einem Fresko am linken Mittelschiff der Kirche). Etwa 750 Jahre später, 861, fand der Missionar Cyrillius die Gebeine des Heiligen mitsamt Anker auf einer kleinen Insel wieder und brachte sie später nach Rom, wo sie feierlich in San Clemente beigesetzt wurden. Eine Kirche dieses Namens existierte bereits seit dem 4. Jahrhundert, wenngleich er sich zunächst auf einen anderen Clemens bezogen hatte, nämlich auf den Konsul Titus Flavius Clemens, der als Christ den Märtyrertod hatte erdulden müssen. Auf den Fundamenten seines Wohnhauses aus dem 1. Jahrhundert unserer Zeitrechnung war 300 Jahre später die erste San-Clemente-Kirche errichtet worden, und die wiederum genau neben dem leicht unterhalb gelegenen Mithrastempel, um den es hier gehen soll.

Zwei Schutzpatrone gleichen Namens für eine Kirche

Wer zum Tempelbereich vordringen möchte, begibt sich auf eine kleine Reise durch labyrinthische Tiefen, von der Helligkeit des Tages hinunter ins Dunkel der vorchristlichen Kultstätte. Man betritt San Clemente durch eine Seitentür, ihr Hauptportal führt in das Atrium, den Innenhof des mittelalterlichen Benediktinerklosters. Die Sonne scheint freundlich hinein, und die plumpen Holzbänke unter dem steinernen Säulengang laden zum Ausruhen ein: Ganz gedämpft nur dringen die Geräusche der Großstadt ans Ohr.

Zurück in die Kirche, die zwar aus dem 12. Jahrhundert stammt, im 18. Jahrhundert aber so gründlich »verschönert« wurde, daß ihr ursprünglicher Charakter weitgehend verlorenging. Und der muß durchaus frühchristlich gewesen sein, denn schon die Fundamente folgten den Grundmauern des Gotteshauses aus dem 4. Jahrhundert. Was erhalten blieb aus früher Zeit, ist die Kombination von Hochaltar und Märtyrergrab unter dem Triumphbogen vor der Apsis. Hier ruht der Reliquienschatz der Kirche, die Gebeine der Heiligen Clemens und Ignatius. Wenn der heutige Altar auch neueren Ursprungs ist, so stammt sein griechisch anmutendes Tempeldach höchstwahrscheinlich aus dem 7. Jahrhundert. Es befand sich also einmal in der älteren Kirche, in die man durch den Vorraum der Sakristei gelangt. Die Treppe, auf der es sich heute so bequem hinabsteigen läßt, wurde erst im Jahr 1861 angelegt.

Die linke Wand der Basilika hatte man im 12. Jahrhundert zugemauert, um das Fundament für die obere Kirche zu festigen. Vorhanden sind noch die eingemauerten Pfeiler und verschiedene Freskenfragmente auf der gegenüberliegenden Wand – beispielsweise die Madonna mit dem Kind: Höchstwahrscheinlich handelte es sich ursprünglich um eine Darstellung der Kaiserin Theodora aus dem 6. Jahrhundert. Erst später wurde der stehenden Figur ein Sessel untergeschoben und das Jesuskind in den Arm gelegt, während man aus den Hofdamen zu ihrer Seite kurzerhand die Heiligen Euphemia und Katharina machte.

Kaiserin Theodora als Madonna

Am Ende des nördlichen Schiffes befindet sich ein Sarkophag mit ausgesprochen gut erhaltenen Reliefs, welche die Geschichte von Phaedra und Hippolytos wiedergeben. Trotz seiner heidnischen Herkunft muß der Steinsarg als christliche Grabstätte Verwendung gefunden haben, sonst wäre er nicht hier gefunden worden. Und weiter noch geht's hinab, diesmal auf einer Treppe aus dem 4. Jahrhundert.

Hier unten spürt man die Nähe des Wassers, hier und da läßt sich ein Gluckern und Rauschen vernehmen. Tatsächlich hatte der gesamte Bereich des Mithrastempels in den vergangenen Jahrhunderten unter Wasser gestanden. Erst im Jahr 1912 wurde ein Kanal gebaut, der den unterirdischen See ableitete, so daß die Räume wieder betreten werden konnten.

Auf der rechten Seite gelangt man zunächst in das Vestibül des Tempels, dessen Decke mit geometrischen Mustern und Blumenornamenten geschmückt ist. Hier wurden die traditionellen vier Opfertiere (Kalb, Lamm, Ferkel und Hahn) geschlachtet. Dahinter liegt das »Triclinium«, der Speisesaal, in dem die Mithrasgläubigen ihr kultisches Mahl eingenommen haben. Sie lagen dabei auf den steinernen Bänken, die den Raum von drei Seiten einrahmen, und aßen das Fleisch ihrer Opfertiere, deren Knochen in den Vertiefungen an den Vorderseiten der Bänke niedergelegt wurden. Die gemein-

Mithrasaltar

same Mahlzeit war ihre Art von Gottesdienst: Sie vollzogen auf diese Weise das Festmahl von Mithras und Apollon nach, das deren gemeinsamer Himmelfahrt vorausgegangen war.

Im Tempel des Mithras

Nicht zufällig hat der Tempel eher den Charakter einer Grotte, denn Mithras war ja aus dem Fels einer Höhle hervorgegangen. Daran erinnert die kleine Statue in der Nische am Grottenende, die Mithras als Kind zeigt. Der Altar in der Mitte des Raums (der heute leider den Blick auf die Statue verstellt) war ursprünglich vermutlich im Vestibül aufgestellt. Durch die Gitterstäbe, die das Nähertreten verwehren, kann man die Vorderseite jedoch gut erkennen, die Mithras im Kampf mit dem Stier zeigt: Mit der linken Hand faßt er das Tier am Maul, mit der rechten stößt er ihm sein Messer in den Nacken. Das Knie bereits in Siegerpose auf den Rücken des Tieres gepreßt, blickt er zurück und nach oben, zu seinem Auftraggeber Apollon. Ferner sieht man die Schlange und den Hund, die dem Kämpfer zur Seite stehen. Die phrygische Mütze auf seinem Haupt macht eindeutig klar, daß das Vorbild der Darstellung aus Kleinasien stammt, wenngleich der Altar im Rom des 2. Jahrhunderts geschaffen wurde: auf Geheiß des Mithraspriesters »Cn Arrius Claudianus«, wie aus der lateinischen Inschrift zu lesen ist.

Die eine Seite des Altars, die man bedauerlicherweise nur erahnen kann, schmückte die Darstellung des Cautes, dessen erhobene Fackel den Sonnenaufgang und die Zeit der höhersteigenden Sonne (21. Dezember bis 21. Juni), gleichzeitig das Licht, den Osten und die Tugend symbolisiert. Auf der entgegengesetzten Seite sein unvermeidlicher Antagonist Cautopates, der seine Fackel nach unten hält und damit den Sonnenuntergang und das Halbjahr der sinkenden Sonnenlaufbahn verkörpert sowie die Nacht, den Orient und das Laster. Ursprünglich zierten den Altar vier Köpfe, die jeweils allegorisch eine Jahreszeit darstellten; nur zwei davon sind erhalten geblieben.

Das Ende des Ganges bildet zur Rechten, ebenfalls nur durch ein Gittertor einzusehen, die sogenannte Mithrasschule. Am besten hat der Fußboden mit seinen fein gemusterten, schwarzweißen Mosaiken die Zeiten überdauert. Sieben Nischen sind in die Wände eingelassen worden: Wahrscheinlich standen hier Skulpturen, welche die sieben Stufen versinnbildlichten, die von den Schülern zu überwinden waren, bevor sie endgültig in die Mysterien des Kults eingewiesen werden konnten. Daß es sich beim Mithraskult um eine sehr elitäre Angelegenheit gehandelt haben muß, an der nur einige »Eingeweihte« aktiv teilhaben konnten, wird schon durch die geringe Größe des Tempelbereichs deutlich.

Der Mithrastempel steht täglich bis zwölf Uhr und dann wieder ab 15.30 bis 18 Uhr zur Besichtigung offen.

Santa Prisca

Die Kirche Santa Prisca liegt auf dem Aventin, oberhalb des Circus Maximus. Noble Villen prägen heute das Bild des Hügels, auf dem im 1. Jahrhundert unserer Zeitrechnung das Wohnhaus der Prisca und des Aquila gestanden haben soll. Sie waren zum Christentum konvertierte Juden. Deswegen wurden sie mal geduldet, mal vertrieben, zum Beispiel nach Korinth oder Ephesus. Doch wo immer sie sich aufhielten, überall standen sie im Mittelpunkt einer der frühen christlichen Gemeinden, die sich bei ihnen trafen. In den Episteln des heiligen Paulus an die Korinther zum Beispiel grüßt jener die Adressaten von »Herrn Aquila und Prisca mitsamt der Kirche, die sich in ihrem Haus befindet«. Im Jahr 57 lebte das Paar wieder in Rom, und auch hier bot es den Christen einen Versammlungsraum in seinem Haus. Nichts ist wahrscheinlicher, als daß es der Ort der heutigen Santa-Prisca-Kirche war: »Hier ließen sich, nachdem sie aus Asien nach Rom gekommen waren, Aquila und Priscilla [Prisca], seine Frau, nieder beziehungsweise sie errichteten selbst das Haus und schlossen Freundschaft mit dem heiligen Petrus, verwandelten ihr Haus in eine Kirche, die ihren Namen trug« (Ottavio Panciroli, 1625).

Bei den Grabungen in den dreißiger Jahren dieses Jahrhunderts hoffte man, das *domus* (Wohnhaus) des Märtyrerpaares zu finden. Um so größer war die Überraschung, als man statt dessen auf die mithräische Kultstätte stieß.

Die Santa-Prisca-Kirche mag zunächst enttäuschen. Man will nicht glauben, daß sie eine der frühchristlichen Basiliken aus dem 4. Jahrhundert sein soll. Ihr Erscheinungsbild hat sich im Laufe der Jahrhunderte immer wieder verändert; so wurde sie verkürzt und ihr antikes Mauerwerk übertüncht.

Wo geht es hinab zum Tempel? Aus der Sakristei kommt ein alter Mann, der Unverständliches murmelt. Auf mein hartnäckiges Fragen verweist er auf ein vergilbtes Blatt an der Seitentür, das dort mehrfach mit Klebeband befestigt wurde. Der nur noch schwach zu lesende Text besagt, daß der Mithrastempel »vorübergehend« nicht zu besichtigen ist: »Das Amt für Denkmalschutz, 1982«. Ich will mich damit nicht zufriedengeben und erkundige mich nach dem Pfarrer. Während ich mühsam versuche, doch noch irgendeine Information zu bekommen, innerlich aber bereits kapituliert habe, betritt der Geistliche die Kirche. Seine zunächst abweisende Miene hellt sich schlagartig auf, als ich ihm erzähle, ich sei extra aus Deutschland gekommen, um »seine« Kirche und den Mithrastempel zu sehen. Nun macht er vehement seinem Unmut über das Amt für Denkmalschutz Luft, das den Mithrastempel nicht zur Besichtigung freigebe. Voller Stolz erzählt er, daß ich nicht die erste bin, die nach dem Tempel fragt, und dann läuft er augenzwinkernd los, den Schlüssel zu holen, was er natürlich »eigentlich« nicht darf. Er führt mich über den Hof zum Eingang der Unterkirche, entriegelt die Tür und macht mir Licht: Ich solle mich nur in Ruhe umschauen, der Tempel sei ganz hinten, er selbst habe zu tun.

Das »Antiquarium« und die Krypta

Und da stehe ich nun also am Fuß der Treppe, im »Antiquarium«. Hier wurde all das zusammengetragen, was bei den Ausgrabungen dieses Jahrhunderts zum Vorschein kam: vor- und frühchristliche Fragmente von Statuen, Reliefs, Inschriften, deren Geschichten allein schon manches Buch füllen könnten. Im schmalen Gang, der rechts abgeht, stehen stapelweise Kisten mit »unausgewertetem« Material. Es fällt schwer, das Vertrauen des Pfarrers nicht zu mißbrauchen – wann hat man schon mal Gelegenheit, sich die Taschen mit antiken Überresten zu füllen?

Eine Biegung nach links, und schon stehe ich in der bunt geschmückten, barocken Krypta mit dem Altar-Grabmal, in dem die Gebeine der Heiligen Aquila und Prisca ruhen. Neben der Krypta geht es ein paar Stufen hoch, durch eine enge Öffnung in einen anderen schmalen Gang, der zum Vestibül des Tempels führt. Hier ist die kleine Einfassung in der Ecke gut zu erkennen, dunkelrot gefärbt, wo die Opfertiere geschlachtet wurden. Reste einer enormen Chronos-Statue sind noch deutlich auszumachen. Chronos, der Gott der Zeit, ein menschliches Ungeheuer mit Flügeln und einem Löwenkopf, den Leib von einer Schlange umwunden. In den Händen

Mithrasfigur bei Santa Prisca

hielt er einen Schlüssel und einen Totenkopf. Von diesem hier, der etwa aus dem Jahr 200 stammt, haben die Christen zwar nicht viel übriggelassen; in Ostia aber überlebte ein ähnliches Exemplar (heute im dortigen Museum zu besichtigen).

Der erste Blick in den Tempel läßt mich schaudern. Am Ende der Grotte scheint die Figur des Mithras tatsächlich aus dem Fels zu wachsen. Doch immer der Reihe nach: Zunächst einmal sehe ich in einer Nische zu meiner Rechten den inzwischen schon fast vertrauten Cautes. Zwar fehlt ihm der Kopf, doch wird aus seiner Körperhaltung klar ersichtlich, daß er einst die aufwärts gerichtete Fackel hielt. Auch der Hahn zu seinen Füßen verkörpert den Morgen, das Erwachen, den Tag. Die Nische gegenüber ist blauschwarz gefärbt: Von seinem Gegenspieler Cautopates, Symbol des Bösen und der Nacht, blieb nur der Torso übrig, der nun im Antiquarium steht. Ein paar Schritte weiter: Zwischen den steinernen Bänken verläuft der Gang zum bühnenartig erhöhten vorderen Teil der Grotte, auf dem sich die Reste verschiedener Figuren befinden. Oberhalb blättern die Fresken von den Wänden; auf der linken Seite ist so gut wie nichts mehr zu erkennen, aber auf der rechten sind verschiedene männliche Gestalten doch relativ gut erhalten. Ursprünglich sollen es sieben gewesen sein, denn sie versinnbildlichten die Stadien der Initiation in den Kult: Der erste führte ein Schwein, der zweite trug die Schüssel mit dem Blut der Opfertiere, der dritte trieb ein Schaf vor sich her, der vierte brachte den Hahn, der fünfte den Stier. Dann, in einigem Abstand, die rotgekleideten Oberhäupter der Hierarchie: Heliodromos und der höchste Priester, der die Hand zum Gruß an seine Gemeinde erhoben hielt. Die Inschriften oberhalb der Fresken, waren – soweit man sie noch entziffern konnte – zum Teil Loblieder auf das Licht und die Klarheit der Sonne, ganz ähnlich, wie sie auch von christlichen Autoren jener Zeit verfaßt worden sind. Überhaupt finden sich viele Glaubenssätze des Mithraskults in abgewandelter Form auch in der christlichen Religion wieder; so klingt etwa die folgende Inschrift »ET NOS SERVASTI AETERNALI SANGUINE FUSO« – »Und du machtest uns unsterblich durch das vergossene Blut« –, für das Ohr eines Christen durchaus nicht fremd.

Bildliche Zeugnisse eines Kults

Vorne nun, wie auf einer Bühne, der Mithrasaltar. Dargestellt wird der Kampf des Mithras mit dem Stier beziehungsweise sein Sieg über ihn, denn das

Cautesstatue mit Hahn, Santa Prisca

Tier wird gerade abgestochen. Diesmal stehen dem göttlichen Helden nicht nur die Vertreter der Tierwelt (als einziger ist noch der kleine Hund zu erkennen) zur Seite, sondern die alten Gottheiten selbst, so der gewaltige Okeanos oder Neptun, der sich zu Füßen des Mithras erstreckt. Die Köpfe anderer Himmlischer (darunter jene des Mars und der Venus), die ursprünglich noch die Szene bevölkerten, sind heute im Antiquarium ausgestellt. Die marmorne Tafel zu Füßen der Szene verkündet die Unbesiegbarkeit des Sonnengottes Mithras: »DEO SOLI INVICTO MITHRAE . . .«

Eine weitere, wie von Kinderhand geritzte Gedenktafel aus dem Jahr 202 erinnert an die Initiation einer hochstehenden Persönlichkeit in den Kult: vielleicht an jene des Kaisers Septimius Severus, dessen Sohn Caracalla zur Eröffnung des Mithrastempels in den berühmten Thermen sogar ein Menschenopfer anordnete? Der Text lautet übersetzt in etwa: »Geboren beim ersten Licht – zur Zeit der Konsuln Augustus-Severus und Antonius – am 18. November – Samstag – im 18. Mond.«

»Baptisterium« und »Sakristei«

Zur linken Seite liegen weitere Räume, die leider vollkommen in Dunkelheit gehüllt sind. Mit meiner kleinen Taschenlampe und Herzklopfen wage ich mich vor ins Baptisterium, den Raum der Taufe, der von der Mitte des Tempels abzweigt. Unter einem schweren, zementierten Gewölbe, das den Himmel darstellen sollte, befinden sich die Reste des Taufbeckens, aus dem der Priester schöpfte. Eine Maueröffnung führt in den letzten Raum, in dem noch immer einige Vasen stehen beziehungsweise lehnen, die einstmals das Öl und den Wein für das Opfermahl enthalten haben mögen. Dieser Raum fungierte wohl zugleich als »Sakristei«, in der die Priester sich für die Ausübung ihrer kultischen Handlungen zurechtmachten.

Figur des Okeanos/Neptun, Santa Prisca

Der erste der drei Räume auf der linken Seite jedoch ist es, der mich am meisten schaudern läßt, und das nicht nur wegen der unzureichenden Beleuchtung: Hier, am Ort der Initiation, wurden einem neuen Mitglied all die harten Prüfungen auferlegt, die seinen Mut unter Beweis stellen sollten. Das muß in etwa so ausgesehen haben:

Die Initiation

Der Prüfling mußte nackt, mit verbundenen Augen, in der – noch erhaltenen – Grube kauern, wo die Ministranten ihn mit eiskaltem Wasser übergossen. Darauf folgte die »Blutprobe«: Mit einem Dolch, der mit Sicherheit schon einen Menschen getötet hatte, wurde ihm eine Wunde zugefügt, die heftig zu bluten hatte. Zuletzt die Feuerprobe: Mit einem glühenden Eisen brannte man ihm ein Kreuz in die Stirn, auf daß er von nun an für jedermann sichtbar ein Mitglied der Mithrasgemeinde war. Während er schließlich vom Blut der Opfertiere trank, sprach der Priester die Worte, die ihn zum »Anhänger und Sohn des Lichtes auf dem Wege der Rettung« erklärten.

Ein letzter Blick umfaßt noch einmal den Tempel. Wenn er erst ordnungsgemäß restauriert ist, wird es nicht mehr so ohne weiteres möglich sein, sein Inneres zu betreten: Man wird sich, wie bei San Clemente, mit einem Blick durch das Türgitter begnügen müssen. Der Ehre, die ich genossen, durchaus bewußt, strebe ich, nun schon mit etwas zielsichereren Schritten, der Krypta, dem Antiquarium, dem Ausgang zu. Die Treppe hoch, der Schlüssel steckt außen an der Tür. Ich könne ihn ruhig steckenlassen, hatte der Pfarrer noch gesagt. Nun ist er nicht mehr zu finden, nur der verwirrte Alte tappert noch immer in der Kirche herum. Ich vertraue ihm meine Spende an und trete hinaus auf den Aventin – mitten in die Abendstimmung und die Aussicht auf die allmählich unter der Dämmerung sich beleuchtende Stadt.

Santa Prisca – ein vergessener Ort voller Geheimnisse, mitten in Rom.

Sizilien

Italien ohne Sizilien macht gar kein Bild in der Seele: hier ist erst der Schlüssel zu allem.

Dies schrieb Goethe am 13. April 1787, und da hatte er von Sizilien lediglich Palermo gesehen. Doch Sizilien ist groß, weit, vielfältig und von ungeheurem natürlichen Reichtum. Sizilien ist die Perle des Mittelmeers, Brücke zwischen den Kontinenten. Seit Urzeiten begehrt und bewohnt, haben sich in geschichtlicher Zeit die verschiedensten Völker hier niedergelassen: Griechen, Römer, Byzantiner, Araber, Normannen, Staufer, Franzosen, Spanier, Österreicher – doch alle sind sie verschwunden, wie sie gekommen sind. Spurlos, so scheint es, denn – so erklären die Sizilianer es gerne – entweder sind sie selbst »sizilianisch« geworden, oder aber sie wurden besiegt, vertrieben, getötet.

Was aber bedeutet es, »sizilianisch« zu werden? Vielleicht nichts anderes, als in das multikulturelle Erbe der Insel und in jenen Geist einzutauchen, in den die Spuren all dieser Völker eingegangen sind. Denn geblieben sind ihre Götter, und geblieben ist ein starker Sinn für Religiosität, die sich auf mehr als nur den einen Gott bezieht. So mag »sizilianisch« sein (auch) bedeuten: starker Glaube, Fatalismus gegenüber dem vergänglichen irdischen Sein und – immer gegenwärtig – der Tod und die Verstorbenen.

Ein Blick zurück

Thukydides zufolge lebten zu Beginn der griechischen Kolonialisation in der Mitte des achten vorchristlichen Jahrhunderts bereits vier Volksgemeinschaften auf der Insel: Phönizier und Elymer, Sikuler und Sikaner. Die Elymer, wahrscheinlich trojanische Flüchtlinge, verehrten die Aphrodite bei Eryx und unterstützten das phönizische Seefahrervolk, das die Höhenzüge an der Küste besiedelt und unter anderem Palermo gegründet hatte. Die Sikuler hatten den Westen der Insel besetzt und die Sikaner nach Osten gedrängt. Diese Gemeinschaft lebte im fruchtbaren Landesinnern in unbefestigten Siedlungen, betrieb Ackerbau und Viehzucht.

Erfolgreiche Suche nach einer neuen Heimat

Die Griechen kamen, weil ihre Städte zu groß geworden waren. Sie suchten ein Land, das ihrer Heimat ähnlich sein sollte: Mildes Klima und fruchtbarer Boden waren die Voraussetzungen. Auf Sizilien fanden sie beides. Ihre ersten Gründungen waren Naxos und Syrakus. Zunächst einmal verlief die Besiedlung friedlich; viele junge Griechen heirateten sikulische Frauen, und ihre Niederlassungen trieben regen Handel mit denen der Urbevölkerung im Hinterland. Immer zahlreicher wurden die griechischen Gründungen, ihren Göttern errichteten sie jene großartigen Tempelanlagen von Agrigent und Selinunt, die heute noch zu uns sprechen. Die inzwischen zu Stadtstaaten angewachsenen *poleis* wurden ab etwa einem halben Jahrtausend vor unserer Zeitrechnung von Tyrannen beherrscht. Der berühmteste, Dionys, brachte im Kampf gegen die Karthager fast ganz Sizilien und einen Teil Süditaliens unter seine Herrschaft. Der Streit mit Karthago jedoch zog sich durch die Jahrhunderte und öffnete im Ersten Punischen Krieg (241 v. Chr.) den Römern den Weg nach Sizilien. Vergebens versuchten die inzwischen »sizilianisierten« Griechen, der sich anbahnenden römischen Vorherrschaft Widerstand entgegenzusetzen. Auch die ausgeklügelten Methoden des Archimedes aus Syrakus, der die angreifenden Legionäre durch Spiegelungen blendete und verwirrte, konnten den römischen Siegeszug nur verzögern. So erging es den Syrakusern denn auch nicht viel anders als den Einwohnern der übrigen griechischen Städte: Wenn sie mit dem Leben davonkamen, dann endeten sie auf dem Sklavenmarkt. Sklaven wurden nun zunehmend gebraucht, denn die Römer betrieben eine fast modern anmutende »industrielle« Landwirtschaft, nur bestellten Menschen und nicht Maschinen die Latifundien der Großgrundbesitzer.

Unter der Herrschaft der Römer

Sizilien wurde zwar der »Kornspeicher« des Römischen Reiches, doch ansonsten ging es mit der Wirtschaft des Landes bergab; die Einwohnerzahl sank, die der Sklaven stieg, und Aufstände waren an der Tagesordnung. Wie herrschaftlich die römischen Verwalter jener Zeit residierten, darüber vermittelt die in jüngster Zeit bei Piazza Armerina wiederentdeckte Villa »del Casale« einen nachhaltigen Eindruck. Die Sizilianer wurden von Rom aus verwaltet (ein Zustand, der ihnen noch heute mißfällt) und erhielten erst im Jahr 212 nach Christi Geburt die römischen Bürgerrechte. Damals waren viele Inselbewohner bereits Christen, denn seit dem kurzen Aufenthalt des heiligen Paulus in Syrakus hatten sich überall auf der Insel Gemeinden der jungen Religion gegründet. Ihnen erging es zunächst keineswegs besser als den Glaubensbrüdern und -schwestern im Römischen Reich: Auch auf der Insel wurden sie zuweilen verfolgt. Neben dem sich dennoch kontinuierlich ausbreitenden Christentum lebten die heidnischen Kulte fort – zunehmend vermischten sich Formen des Glaubens und Aberglaubens. Es kamen die Wandalen aus Spanien (439 n. Chr.), die Ostgoten (490 n. Chr.), aber beide Stämme ließen die Sizilianer gewähren, während die byzantinische Herrschaft (ab 534 n. Chr.) die Religion des Christentums erheblich stärkte. Doch schon zu diesem Zeitpunkt hatte sich auf der Insel eine ganz eigene Art der Heiligenverehrung breitgemacht, und das Volk huldigte den allgegenwärtigen Darstellungen der Agata, Lucia, Ninfea, Silvia; des Eustazio, Procolo, Goldobeo, Euplio, Filippo d'Agira. Das byzantinische Bilderverbot (725 n. Chr.) konnte die sizilianische Bevölkerung nicht davon abhalten, zu den Abbildungen »ihrer« Heiligen zu beten, so wie es heute noch geschieht. Insbesondere scheint es, als hätten die Sizilianer mit der »Einführung« von »Schutzpatroninnen« die heidnische Figur der weiblichen Muttergottheit zu ersetzen versucht. (Als sei ihnen die Muttergottes zu unnahbar und wenig geeignet, um sie bei den grundlegenden menschlichen Problemen, die um die Themen der Geburt, der Fruchtbarkeit, des Sterbens kreisen, anzurufen. Für solche Fälle haben die Syrakuser ihre Santa Lucia, die Bewohner von Catania die Sant'Agata, und in Palermo pilgert man auf den steilen Monte Pellegrino zur Santa Rosalia.) Dennoch, in den Kirchen galt einzig der byzantinische Ritus; über drei Jahrhunderte hinweg war das Griechische die vorherrschende Sprache, wenngleich das Latein auch »weiterlebte«: Inschriften aus dieser Zeit sind meist zweisprachig.

Ankunft der Araber

Doch damit nicht genug. Im Jahr 830 war Palermo islamische Hauptstadt der Insel. Und das kam so: Gegen Ende des 8. Jahrhunderts unternahmen die Sarazenen zunehmend Versuche, auf der Insel Fuß zu fassen. Die Byzantiner leisteten ihnen erbitterte Gegenwehr; erst im Jahr 827 mußten sie sich geschlagen geben. Es dauerte jedoch noch einmal fast 40

Jahre, bis die ganze Insel von den Arabern beherrscht wurde, und das durchaus nicht zu ihrem Nachteil: Die durch Monokulturen ausgelaugten und vertrockneten Felder wurden bewässert und bewaldet, die Städte, allen voran Palermo, ausgebaut und verschönert. Als im Jahr 948 das Emirat von Palermo gegründet wurde, verfügte die Stadt über etwa 300 Moscheen, prächtige Paläste und Wasserspiele überall. Neben dem Weizen reiften auf den Feldern Orangen und Zitronen, Datteln und Zuckerrohr. Pferde wurden gezüchtet, Baumwolle und Seide gesponnen. Der Handel blühte, und die Einwohnerzahl Palermos stieg auf 300 000. Es war die Blütezeit Palermos und Siziliens, eine Zeit, in der viel philosophiert und wenig gekämpft wurde, eine Zeit, in der jeder unbehelligt seinem Glauben nachgehen konnte.

Kulturelle Toleranz

Allgemein gilt die nachfolgende Zeit der normannischen Herrschaft als das Musterbeispiel für kulturelle Toleranz. Zu leicht wird dabei übersehen, daß Robert und Roger lediglich jene Tradition fortsetzten, die sie vorgefunden hatten. Der Papst hatte Robert die Insel als Lehen versprochen, falls es ihm gelänge, die Araber zu vertreiben. Nach sechsmonatiger Belagerung fiel im Jahr 1072 Palermo in die Hände der Normannen, die den Moslems jedoch Religionsfreiheit und eigene Gerichtsbarkeit zugesichert hatten. Der erste normannische König von Palermo wurde Roger II. im Jahr 1130. Obwohl er dem Papst zeitlebens verbunden und ein frommer Christ war, achtete er stets auf ein gleichberechtigtes Miteinander der Volksgruppen seines so bunten Königreichs. In seinem Heer kämpften Moslems neben Griechen und Römern, und die imposanten Kirchen, die er auf der Insel errichten ließ, tragen die Handschriften aller drei Kulturen.

Mehr schlecht als recht nahm die normannische

Herrschaft mit den beiden Wilhelms und Heinrich VI. ihren Fortgang, bis im Jahr 1197 der dreijährige Staufer Friedrich II. zum erstenmal die Bühne der Weltgeschichte betrat, als er – unter der Regentschaft seiner Mutter Konstanze – König von Sizilien wurde. Doch Friedrich II., das ist ein Kapitel für sich.

In Sizilien fällt es besonders schwer, sich auf bestimmte Orte zu beschränken. Denn, und hier möchte ich den großen deutschen Historiker des 19. Jahrhunderts, Ferdinand Gregorovius, zitieren: »Alles hier in Sizilien hat ein mythisches Ansehen, Girgenti [Agrigent] wie Syrakus, der Ätna wie Enna, und jegliche Küste. Der Menschengeist tritt hier weiter in die Zeit zurück als im römischen Land, dort weht der ernste Geist der Geschichte, aber in Sizilien der Rätselgeist der Fabel. Es ist das Land des Typhon, der Kyklopen und des Dädalus.«

Ankunft in Palermo

Das erste, was ich von Sizilien sehe, ist der in dunkler Nacht erleuchtete Küstenstreifen, etwa acht Kilometer unter mir. Wie ein Band ziehen sich die Lichter durchs schwarze Nichts. Dort, wo sie sich verdichten, liegt Cefalù, und da setzt das Flugzeug auch schon zur Landung an. Der Himmel über Palermo selbst ist wolkenverhangen, Nieselregen, elf Grad: tiefster Winter für die Palermer, die auch im Januar an durchschnittliche Temperaturen von 15 Grad gewöhnt sind. Dann die Fahrt vom Flughafen in die Stadt: Auf breiten Zufahrtsstraßen rast der Stadtbus ins 30 Kilometer entfernte Zentrum. Was ich sehe, erinnert mich eher an Amerika: ausufernde Satellitenstädte, riesige Werbetafeln am Straßenrand.

In der Innenstadt dann wird es barock, und das »Grand Hotel delle Palme« versprüht den noblen

Charme vergangener Zeiten: Hier hat Wagner an seinem »Parsifal« komponiert, und auch der leidenschaftliche Sizilienreisende Guy de Montaigne stieg in der Nobelherberge ab. Drei Tage Palermo sind vorgesehen: Ich möchte die Spuren der arabischen Vergangenheit suchen, die normannischen Kirchen, die »Palatina« und Monreale sehen; das Grab Friedrichs II. im Dom; zur heiligen Rosalia auf den Monte Pellegrino pilgern, mich vielleicht in die gruseligen Kapuzinerkatakomben wagen und ansonsten einfach ein wenig treiben lassen …

Im Herzen der Altstadt

Die grobe Orientierung fällt in Palermo leicht, denn zwei wichtige Straßen durchkreuzen das historische Zentrum: die Via Maqueda und die Via Vittorio Emanuele. Nach den Erdbeben des 17. Jahrhunderts, die weite Teile der Insel und auch Palermo heimgesucht hatten, wurden die Trassen brachial in das Gassengewirr gebrochen und die neuen Fassaden der Altstadt im barocken Stil wiederaufgebaut. Bester Orientierungspunkt der Stadt ist seitdem die »Quattro Canti«, die achteckige Kreuzung der schnurgeraden und senkrecht aufeinanderstoßenden Straßen. Noch immer gilt: »Was auf diesen Linien liegt, ist bequem zu finden; das Innere der Stadt hingegen verwirrt den Fremden, und er entwirrt sich nur mit Hülfe eines Führers in diesem Labyrinthe« (Goethe, 3. 4. 1787).

Die Kathedrale

Auch ich halte mich zunächst einmal an diese beiden Hilfslinien und folge der Via Vittorio Emanuele bis zur Kathedrale, deren enorme Fassade bald auf der rechten Seite erscheint. Der weite Vorplatz läßt sie mich in Ruhe betrachten, und Zeit braucht es, um eine solche Fassade »aufzunehmen«. Alles Schul-

Der Dom von Palermo

wissen über Kirchenarchitektur und Stilkunde weist sie kalt zurück. Zunächst einmal, so meint man, ist ihre Längsseite die eigentliche Vorderfront und das majestätische Seitenportal der Haupteingang. Die Orientierung fiele schwer, gäbe es da nicht die Kuppel; doch gerade die ist eine nachträgliche »Verschönerung« aus dem Jahr 1781, die im wahrsten Sinne des Wortes »aufgesetzt« wirkt und die man sich am besten wegdenkt. Ansonsten erhebt sich über der gewaltigen Horizontale lediglich ein schlankes Türmchen an jeder Ecke des Gebäudes. Zusätzliche Bogen, spitz zulaufend nach arabischer Art, Friese, Gesimse, Ornamente verweisen sämtlich auf die Breite, so auch die vier kleinen Kuppeln und der dreibogige Eingang. Die wunderbaren Verzierungen an Wänden und am Portal lassen mich den Begriff arabische Gotik erfinden, und doch weiß ich, daß auch diese Bezeichnung das Wesen der Kathedrale nicht erfassen kann. Wie ist sie entstanden?

Von der ursprünglichen Kirche aus dem 8. Jahrhundert dürfte nichts mehr vorhanden sein; die Sarazenen wandelten sie in eine Moschee um. Nur auf einer der Säulen des südlichen Portikus kann man noch schwach eine arabische Inschrift erkennen, den 55. Vers der siebten Sure: »Euer Gott hat den Tag geschaffen, dem die Nacht folgt, und der Mond und die Sterne sind beigefügt zum Werke nach Seinem Befehl. Ist nicht Sein eigen die Kreatur und nicht Sein die Herrschaft? Gelobet sei Gott der Herr der Jahrhunderte!« Vielleicht haben die Normannen, als sie das arabische Heiligtum im 12. Jahrhundert zu einer prächtigen Kathedrale im gotischen Stil umgestalteten, diesen Vers mit Absicht gelassen. So wie sie ja auch andere arabische Elemente, die ihnen nützlich erschienen, verwendeten: die Ornamentik der Araber, Stilelemente ihrer Architektur wie die hufeisenförmigen Bogen, die auf Säulen stehen, die Spitzblendbogen oder die Kuppeln.

Das Grabmal eines großen Kaisers

Das Kircheninnere ist weit, hell, barock-modern. Sein größter Schatz: das Grabmal Friedrichs II. Links vom (seitlichen) Eingang, in einer Seitenkapelle, steht der schwere, dunkelrote Porphyrsarg leicht verstaubt unter seinem Grabtempel. Neben beziehungsweise hinter Friedrich ruhen der König Roger, Friedrichs Großvater, seine Eltern – Heinrich VI. und Konstanze – sowie seine erste Frau, Konstanze von Aragon. Sein Sarg ist geschmückt mit Greifvögeln, denen Friedrich zeitlebens liebevolle Aufmerksamkeit gewidmet hatte; er steht auf vier Löwenfiguren, die jeweils einen Sklaven in den Klauen halten. Hier im Dom war Friedrich gekrönt worden, und hierher brachte man ihn nach seinem Tod im Jahr 1250 zurück. Bis 1781 ruhte er sanft in einer Kapelle neben dem Chor; im Zuge der Restaurierungsarbeiten wurden die Grabmale an ihren heutigen Ort verlegt und bei dieser Gelegenheit dann auch gleich geöffnet: Zur allgemeinen Verwunderung fand man im Sarg Friedrichs noch zwei weitere Skelette, deren Herkunft unbekannt ist. Die prachtvolle Grabausstattung des Kaisers bestand aus edlen Gewändern, einer mit Perlen besetzten Krone, dem Reichsapfel, einem Smaragdring, den er noch am Finger trug, und seidenen, bunt bestickten Stiefeln mit goldenen Sporen.

Die großen Kirchen der Normannen

Wieder auf der lebendigen Via Vittorio Emanuele, vorbei am Bischofssitz auf der rechten und den hohen Dattelpalmen eines kleinen Parks auf der linken Seite: Dort steht der trutzige Normannenpalast, seit arabischer Zeit Herrschersitz und heute Parlament. Eine der sehenswertesten Kirchen Palermos ist die »Palatina«-Kapelle im Innern des Palastes, den man heute durch den Hintereingang betritt.

Eine Kapelle wie eine Schmuckschatulle

Eine breite Treppe windet sich hinauf und führt, unter anderem, in den ersten Stock des Klostergangs. Den (restaurierten) Ornamentenreihen folgend, am dreisprachigen (lateinisch, griechisch, arabisch) Gedenkstein aus dem Jahr 1141 vorbei, gelange ich zum Portal der Kapelle. Der erste Blick raubt mir fast den Atem, so unvermittelt ist der Übergang von der hellen Realität außen in die warme Pracht dieses Innenraums – als sei ich soeben in das Innere einer Schmuckschatulle eingetaucht. Künstler dreier Kulturen haben hier ihr Bestes gegeben und im Zusammenspiel eine Harmonie erlangt, die unvergleichlich ist. Nicht umsonst gilt diese Kapelle vielen als die schönste der Welt; jeder Zentimeter ist verziert; aus den Mosaiken wertvollster Gesteine erwächst, von schlanken, glänzenden oder behauenen Säulen getragen, ein goldener Bogenhimmel. Von der Höhe der Apsis gebietet der Blick Jesu Christi Einhalt, seine rechte Hand zum Zeichen JC erhoben: Ich bin Jesus Christus. Mit der linken hält er ein geöffnetes Buch, das auf beiden Seiten denselben Text verkündet, links auf griechisch, rechts in Latein: »Ich bin das Licht der Welt, wer mir folgt, läuft nicht in der Finsternis.« Genau diese Art der Christusdarstellung, die aus Byzanz stammt, haben die Normannenkönige immer wieder für ihre Kirchen und Kapellen bevorzugt. Es ist der Christos Pantokrator, Erschaffer der Welt, der göttliche Erhabenheit ausstrahlt, dessen Blick nach außen geht, dem Betrachter überallhin folgt, und gleichzeitig durch ihn hindurch ins eigene Innere führt: der göttliche Blick. Mit dem geschlossenen Buch in der Hand schaut er vom Mittelpunkt der Kuppel hinab; die griechischen Buchstaben, die ihn umrahmen, bedeuten: »Der Himmel ist mein Thron, die Erde Stütze für meine Füße.« Und noch einmal begegnet man diesem Christus in der rechten Seitenapsis.

Das Licht wird zur Botschaft

Allenthalben bricht sich das Licht, das durch die kleinen Fenster ins Innere dringt, auf goldenem Grund. So verwandelt sich das schwache Tageslicht in eine Art künstliches, goldenes Licht, das allgegenwärtig und doch nicht zu fassen ist. Ursprünglich bot ein Fenster in der Apsis eine weitere Lichtquelle, dort, wo sich heute – seit dem 18. Jahrhundert – die Muttergottes befindet. Das Lichtbündel wird die Botschaft Jesu, »ich bin das Licht der Welt«, noch unterstrichen haben. Neben der Maria die Heiligen Magdalena und Petrus, Johannes der Täufer und Jakob. An den Seitenwänden erzählen feinste Mosaikbilder die Lebensgeschichte des Erlösers oder, im Hauptschiff, Szenen aus dem Alten Testament. Tage, wenn nicht Wochen könnte man in dieser Kapelle verbringen, wollte man alle ihre Botschaften genau lesen. Doch leider reißt der Besucherstrom nicht ab, und unaufhörlich blitzen die Fotoapparate. So überwältigend die »Palatina« als Kulturdenkmal ist – als Ort der Andacht habe ich sie nicht erleben können.

Im Kloster von Monreale

Besinnung findet man eher außerhalb der Stadt, beim Benediktinerkonvent von Monreale. Die Höhe wird vom prächtigen Dom, den Wilhelm II. der Muttergottes zu Ehren errichten ließ, beherrscht. Einzigartig die Mosaiken, die sich über 6000 Quadratmeter erstrecken. In der Apsis der Christos Pantokrator, wie ich ihn in der »Palatina« gesehen habe. An den Wänden Illustrationen des Alten und des Neuen Testaments. Über den Thronen für König und Bischof hat sich der Bauherr selbst darstellen lassen, wie er die Krone von Christus empfängt und seinerseits der Madonna die Kirche darbringt. Es heißt, er habe ein Gelübde abgelegt, die Kirche im »Tausch« gegen Gnade der Nachkommenschaft auszuhändigen: Er starb jedoch mit 36 Jahren ohne Nachwuchs. Sein Sarkophag befindet sich neben dem seines Vaters, Wilhelm I., rechts vom Altar.

Neben der Kirche verläuft der Kreuzgang von Monreale, einer der schönsten Kreuzgänge überhaupt. Ein Klostergang lädt immer zum Meditieren, zum In-sich-Gehen ein, allein durch seine gegenüber der Außenwelt visuelle und akustische Abgeschlossenheit, welche die Wahrnehmung konzentriert: Alle Energie vermittelt sich von oben, denn nur der Blick zum Himmel ist frei.

In Monreale kommen weitere die Meditation begünstigende Elemente hinzu: der Zauber eines regelrechten »Waldes« aus 328 Doppelsäulen, die mit unglaublicher Phantasie verziert oder aber behauen sind, wie ihre Kapitelle. Der arabische Charakter wird noch betont durch einen graziösen Brunnen, der auf der Südseite des Kreuzganges im Stil der Alhambra Granadas plätschert. Ein Hauch von tau-

Rechte Seite: Säulengang in Monreale

sendundeiner Nacht liegt über allem. Wenn dazu noch die Sonne scheint, dann ist hier auch im Winter Frühling.

Momente der Andacht ganz anderer Art erfahre ich am Sonntagmorgen in der »Mantorana.« Jetzt bin ich wieder im Zentrum der Stadt, an der Via Maqueda, kurz nachdem sie die Via Vittorio Emanuele kreuzt. Auch diese normannische Kirche stammt aus der Mitte des 12. Jahrhunderts und vereinigt alle Charakteristika arabisch-griechisch-normannischer Ästhetik. Vielleicht haben hier dieselben Künstler gearbeitet, die auch in der »Palatina« und im Dom von Monreale tätig waren. Im Unterschied zu den beiden anderen Kirchen wurde die »Mantorana« im 16. Jahrhundert restauriert und durch barocke Fresken bereichert: Sonderbarerweise entstand aus dem »Stilbruch« eine neue ästhetische Harmonie.

Die Gemeinde der Griechen

Ich hatte die Kirche bereits besichtigt und bin nur zurückgekommen, um mir die nebenstehende Moschee anzuschauen, da dringen aus dem Portal sonderbare Stimmen – ich kann nicht anders als ihnen folgen.

In der Kirche wird eine Messe gefeiert, und die Gemeinde singt leidenschaftlich, aber falsch – zumindest meine ich das zunächst. Gleichzeitig ist mein Interesse geweckt, denn auch der Priester singt in der gleichen Art, die mich auf sonderbare Weise berührt. Allmählich verstehe ich: Dies hier ist kein katholischer Gottesdienst, sondern ein griechisch-orthodoxer. Der Priester mit langem Bart und himmelblauem Gewand wendet während des gesamten Gottesdienstes der Gemeinde den Rücken zu; nur zur Kommunion dreht er sich um.

Unentwegt ertönen fromme Lieder, die Gemeinde antwortet dem Priester im Wechselgesang. Nach der Kommunion wird noch einmal geweihtes Brot verteilt, und erst, als die Versammlung sich auflöst und die Mitglieder der orthodoxen Gemeinde sich gegenseitig herzlich begrüßen (der sonntägliche Gottesdienst ist offenbar zugleich sozialer Treffpunkt), feiert der Priester, wieder mit dem Rücken zu den Gläubigen, für sich allein die Kommunion. Ich lasse mir erzählen, daß die »Mantorana«-Kirche unter dem Namen »San Nicolò dei Graci« dem orientalischen Ritus geweiht ist. Sie untersteht damit nicht Rom, sondern Moskau und Athen. Es sind nicht viele Griechen, die zur Gemeinde gehören, und man kennt einander. Angeheiratete, andersgläubige Familienangehörige halten sich im Hintergrund. Man pflegt die Tradition, aber man schottet sich nicht ab. Das ist Palermo. Wenn man dabei auch an erster Stelle an die starke albanische Gemeinde denken mag, deren liturgische Feste im Laufe der Jahrhunderte zu einer Art Volksattraktion geworden sind. Die Religionszugehörigkeit wird hier nicht so eng gesehen: Wichtig ist allein, daß man glaubt, und zwar auf sinnliche Art. Der Glaube braucht etwas zum Sehen, zum Anfassen, um sich daran verankern zu können: zum Beispiel Krippen oder Reliquien.

Krippen- und Reliquienkult

Fast jede der unzähligen Kirchen Palermos verfügt über eine Krippendarstellung, auf die ein deutsches Münster stolz wäre. Die großzügigen und detailfreudigen Szenarien werden die Weihnachtszeit wohl noch eine ganze Weile überdauern. Zu sehen sind weite sizilianische Landschaften, Bachläufe, in denen das Wasser gluckert, Sternenhimmel, über die der Komet zieht; Schäfer, Müller, Handwerker; Esel, Schweine, Schafe; die Heiligen Drei Könige auf dem Weg zur Heiligen Familie, die im hellen Glanz erstrahlt. Kinder und Erwachsene stehen gebannt davor, werfen Münzen vor die Krippe, wo das kräftige Rot der Weihnachtssterne leuchtet. Als sichtbares Zeichen der Geburt Jesu wird zu Weihnachten eine lebensgroße Babypuppe, die das Jesuskind darstellt, auf den Hauptaltären der Kirchen ausgestellt.

Dann der Reliquienkult: In der Santa-Ninfea-Kirche beispielsweise gäbe es eigentlich nichts Besonderes zu sehen, wenn nicht vorne, auf der linken Seite, der Leichnam San Camillo de Lellis mitsamt einiger seiner Kleider und ärztlichen Utensilien ausgestellt wäre. Der Heilige, so erfahre ich hier, lebte von 1550 bis 1614 und widmete sein Leben der Pflege der Kranken: »Brüder, denkt daran, daß die Kranken das Herz Gottes sind, und ihnen zu helfen heißt, Gott zu dienen.« Eine Maxime wie diese ließ ihn zum Schutzpatron aller Kranken und ihrer Helfer werden. Noch heute tun seine »Töchter«, ein Frauenorden, in aller Welt Gutes. Die Anwesenheit seines Leichnams in der Kirche führt dazu, daß hier Alte und Kranke den größten Trost finden; auch sah ich, wie Mütter mit ihren behinderten Kindern hierher zum Gottesdienst kamen.

Das sinnliche, zutiefst heidnische Element des Glaubens konnte von der katholischen Kirche seit jeher gut vereinnahmt werden. Katholizismus läßt Sinnlichkeit durchaus zu: Und damit bin ich bei der Santa Rosalia angelangt, die für jeden Palermer »zur Familie« gehört, seit Jahrhunderten.

Santa Rosalia

Von der geschichtlichen Existenz der heiligen Rosalia ist wenig bekannt. Man weiß nur, daß sie im Jahr 1130 geboren wurde, der Legende zufolge als Tochter des Herzogs Sinibald aus dem normannischen Herrschergeschlecht. Bereits in jungen Jahren entsagte sie allen weltlichen Freuden, um ihr Leben ganz Gott zu widmen. Sie zog sich in eine Höhle auf den Monte Pellegrino zurück, jenen bizarren Berg,

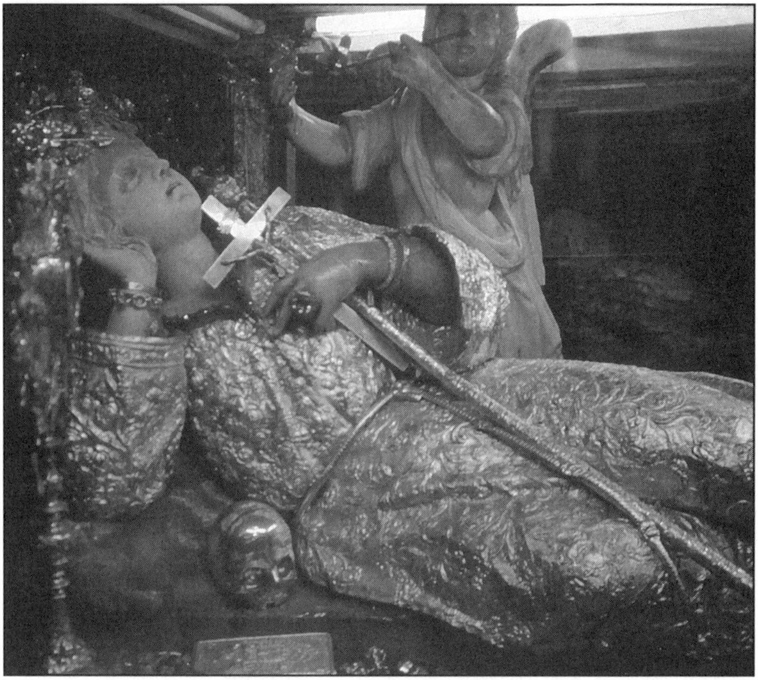

Die heilige Rosalia

der sich im Nordwesten der Stadt spröde erhebt. Seit Jahrtausenden war er bewohnt und Sitz der Götter, wie stein- und bronzezeitliche »Graffiti« (graffiare = kratzen; in den Fels eingeritzte Darstellungen), die man in verschiedenen Höhlen entdeckt hat, belegen. Rosalia lebte hier als Einsiedlerin bis zu ihrem Tod im Jahr 1166. Erst viel später, am 15. Juli 1624, wurden ihre Gebeine infolge einer wunderbaren Erscheinung gefunden und in die Stadt überführt, in der gerade die Pest wütete. Kaum war die Reliquie in der Stadt, da fand die Seuche auch schon ein jähes Ende, worauf Rosalia zur Schutzpatronin der Stadt avancierte. Sofort begann man mit dem Ausbau ihrer Grotte zum Heiligtum.

Hinter der barocken Fassade der Kirche ist die Höhle heute gleichzeitig Kirchenschiff. Aluminiumschienen leiten das ständig von der Decke rinnende heilige Wasser in Behälter, aus denen sich die Pilger bedienen dürfen, um ihre vielfältigen Leiden damit zu kurieren. Und vorne links, unter einem prächtigen Baldachin, ruht die idealisierte Heiligengestalt. Man muß sich bücken, um sie genau betrachten zu können. Die Figur ist edel in weißen Marmor gehauen; golden ist ihr Gewand und vergoldet ihr Totenkopf, der ihr zur Seite liegt. Sie ruht gelassen inmit-

Weihegaben

ten all der goldenen und silbernen Weihegaben, in die die Gläubigen sie gebettet haben: Konnte der irdische Prunk sie zu Lebzeiten nicht reizen, so läßt er sie jetzt erst recht gleichgültig. Ihr Gesicht ist im Schlaf entrückt und nach oben gewandt.

Sichtbare Kommunikation mit dem Göttlichen

Im kleinen Museum nebenan werden etliche der wertvollsten oder originellsten Gaben, die ihr im Laufe der Zeit dargebracht wurden, ausgestellt, auch Fotos von Personen, denen Rosalia geholfen hat, nachdem sie ein Gelübde abgelegt hatten. In Schaukästen hängen die silbernen Exvotos, die das jeweilige geheilte Körperteil darstellen. Hier wird sie sichtbar, die Kommunikation mit dem Göttlichen: In jeder Gabe äußert sich eine Bitte oder ein Dank für die erhaltene Antwort.

Goethe, der den Pilgerpfad im April des Jahres 1787 genommen hat, war vom Heiligtum der Rosalia stark beeindruckt: »Der Andachtsort ist der Demut der Heiligen, welche sich dahin flüchtete, angemessener als die prächtigen Feste, welche man ihrer völligen Entäußerung von der Welt zu Ehren anstellte. Und vielleicht hat die ganze Christenheit, welche nun achtzehnhundert Jahre ihren Besitz, ihre Pracht, ihre feierlichen Lustbarkeiten auf das Elend ihrer ersten Stifter und eifrigsten Bekenner gründet, keinen heiligen Ort aufzuweisen, der auf eine so unschuldige und gefühlvolle Art verziert und verehrt wäre.«

Nomen est omen: Der Monte Pellegrino, der »Pilgerberg«, soll bereits vor der Zeit der Rosalia so geheißen haben, und zwar wegen der vielen Wanderfalken *(falchi pellegrini)*, die sich seit Urzeiten hier eingenistet hatten. Wenn heute auch eine Straße zur Wallfahrtsstätte führt, so ist der alte Fußweg, der sich im Zickzack die 429 Meter hochschlängelt, doch lohnender. Die Aussicht auf die Conca d'Oro – die goldene Muschel – Palermos ist einzigartig.

Die Kapuzinerkatakomben

Für die Sizilianer sind die Toten nicht gleich tot. Erst allmählich, langsam, ganz langsam, geraten sie in Vergessenheit, wenn neue Verstorbene nachgerückt sind, deren Andenken es wachzuhalten gilt. Anscheinend war es bis in die jüngste Vergangenheit hinein üblich, das sonntägliche Picknick an den Gräbern verstorbener Verwandter einzunehmen. So konnten noch einmal alle zusammensein. Am Totensonntag beglücken die Verstorbenen die Kinder mit kleinen Geschenken, die dann auf den Gräbern »gefunden« werden. So wird ein Band mit Familienangehörigen geknüpft, die sich selbst vielleicht gar nicht mehr gekannt haben.

Tote leben weiter: der sizilianische Weg

Die Endgültigkeit des Ablebens zu verarbeiten ist vielleicht Grundproblem aller Kulturen. Nur gibt es zwei Möglichkeiten: Der »Schock« des Todes kann durch ein gemeinschaftliches Ritual »verarbeitet« werden, oder aber man negiert ihn: Der Tote ändert lediglich seinen Wohnsitz und bleibt im Alltag seiner Familie präsent, bis die Erinnerung irgendwann verblaßt. Für diesen Weg haben sich die Sizilianer entschieden.

Wo jedoch nicht der Geist, sondern der Körper des Verstorbenen bewahrt werden soll, da kann es leicht zu makabren Szenarien kommen. Nirgendwo wird einem die Lächerlichkeit des menschlichen Kampfes gegen die Vergänglichkeit alles Physischen deutlicher vor Augen geführt als in den Katakomben der Kapuziner.

Am Ende der Via Vittorio Veneto, dort, wo linker Hand der Normannenpalast mit der »Palatina«-Kapelle liegt, öffnet sich hinter der Porta Nuova die Piazza Indipendenza, von der die Via dei Cappucini abgeht. An ihrem Ende, auf der rechten Seite, befindet sich der Kapuzinerkonvent, dessen Brüder seit dem

In den Kapuzinerkatakomben

16./17. Jahrhundert die Katakomben »verwalten.« Hier konnten sich seitdem wohlhabende Bürger und Adlige einen Steh- oder Liegeplatz in der Gruft erkaufen. Bei der Konservierung der Leichname wandten die Mönche ein Geheimverfahren an, das in etwa so ausgesehen haben muß: Zunächst wurden die Körper der Verstorbenen unter Sauerstoffverschluß ausgetrocknet, dann dem Sonnenlicht ausgesetzt, bis die letzte Flüssigkeit verdunstet war. Die Körper schrumpften ein, ähnlich wie Trockenobst. In späteren Zeiten badete man die Leichname in Arsen. Die Mumien wurden schließlich wieder standesgemäß gekleidet und geschminkt; die Angehörigen statteten ihnen regelmäßige Besuche ab und erneuerten, was die Zeit verschliß. Und so versammelte sich auf dem unterirdischen Privatfriedhof der Kapuziner im Laufe der Jahrhunderte die feine Gesellschaft der Stadt.

Im letzten Jahrhundert wurde den Kapuzinern ihr Handwerk aus hygienischen, ethischen, politischen Gründen immer wieder untersagt, aber das Interesse von seiten der potentiellen Kundschaft blieb groß. Erst im Jahr 1881 wurden die Katakomben für Neuzugänge offiziell geschlossen. Das »Prachtstück« der Gruft stammt jedoch aus unserem Jahrhundert: Es ist ein zweijähriges Mädchen, das im Jahr 1920 entschlief und so gut erhalten ist, daß es zum Liebling der Mönche, der Besucher, ja der Bevölkerung Palermos wurde. Niemand kann sich seinem Reiz entziehen, heißt es, und das selige Antlitz des kleinen Engelgesichts wird als touristische Attraktion auf Postkarten feilgeboten.

Makabres »Prachtstück«

Das alles wußte ich, als ich, fast gegen meinen Willen, in die Katakomben hinabstieg. Immerhin war ich nicht allein hier, sonst wäre es mir vielleicht nicht anders ergangen als jenem Obdachlosen, der sich auf der Suche nach einem warmen Schlafplatz hierein verirrt hat, eingeschlossen wurde und in der Nacht vor Todesangst starb. Der unterirdische Gang, Hauptgang der sogenannten Katakomben (die eigentlich gar keine sind), ist erst einmal beruhigend hell und weit – um so größer fällt das Entsetzen aus, wenn man den Gestalten, die ihn säumen, ins hohle Auge blickt. Da stehen sie also, die verblichenen Reichen, und können einen reihenweise das Gruseln lehren. Mein Mut ist nach dem ersten scheuen Umherblicken dahin – wenn es doch wenigstens eine rettende Glasscheibe zwischen mir und den hohnverzerrten Fratzen der Aufgestellten gäbe! Aber nein, nichts trennt mich von ihnen, einer von ihnen werde ich sein, nur habe ich die tröstende Gewißheit, daß ich hier nicht enden muß, als Leichnam schamlos präsentiert dem lustvoll schaudernden Gegaffe meiner Nachwelt.

Rasch, tiefes Einatmen vermeidend, folge ich dem Besucherstrom, der nun doch etwas kleinlaut geworden ist. Wie im Warenhaus weisen Pfeile zu den jeweiligen Abteilungen: Frauen, Männer, Kinder. Nein, die will ich mir lieber ersparen. Püppchengleich sollen sie aussehen, die Kleinen. Die Jungfrauen tragen vermoderte Blütenkränze. Und dann, in einer Ecke, vor ein paar Stufen, schieben sich die Besucher begierig vor das Glas, hinter dem der kleine Engel ruht. Einigen Damen ist übel geworden. Erlösend zeigt der letzte Pfeil in Richtung Ausgang.

Aufbruch zu den Griechen

Die nächsten Ziele werden mich in die Welt der Griechen führen, die Sizilien in der Zeit vom achten bis zum zweiten vorchristlichen Jahrhundert zu einem Teil ihrer »Magna Grecia« machten. Indem sie ihren Göttern gewaltige Tempelanlagen errichteten und das Land zum Hintergrund für ihre Mythen werden ließen, nahm Sizilien in der griechischen Antike einen festen Platz ein.

Ich nehme die Küstenstraße in Richtung Messina. Immer wieder erfreuen Zitronen- und Orangenhaine mein Auge, während zur Linken das Meer blitzt. Die Bauwerke, die hier seit dem Krieg entstanden, sind weniger erfreulich anzuschauen, und über die vielen »spontanen« Müllkippen am Straßenrand kann sich die deutsche Reisende schon aufregen –

doch zum Glück überwiegen auch hier noch der Reichtum und die Schönheit der Natur. Nahe Cefalù erhebt sich der stolze Normannendom großartig vor dem gewaltigen Felsmassiv in seinem Rücken; zu seinen Füßen duckt sich das alte Fischerdorf, zur Bucht hin leicht abfallend. Bei Messina kommt »Land in Sicht«: Das gegenüberliegende Festland scheint gerade einen »Katzensprung« entfernt zu sein. So schmal hatte ich mir die Meerenge nicht vorgestellt! In drei, vielleicht vier Kilometer Entfernung zieht sich Kalabriens Küstenstreifen dahin, die Anhöhen nach einem nächtlichen Kälteeinbruch schneebedeckt. Jetzt geht es in Richtung Süden, der Küstenstraße weiter folgend. Das Festland zieht sich wieder zurück, und bevor es ganz verschwindet, bin in ich Taormina angelangt.

Taormina

Schon die Anfahrt ist bilderbuchreif: Das Sträßchen windet sich die im tiefsten Winter blühende Höhe hinauf, Palmen, Bougainvillea, Zitronen; der Himmel reißt auf, das Meer erstrahlt. Alte, bröckelnde Pensionen aus der Jahrhundertwende ruhen eingewachsen in den Hängen. Alles ist Garten, Park, Flora. Vom Parkplatz sind es noch ein paar hundert Meter durchs Stadttor, dahinter der unendlich lange Corso, die Hauptstraße, die man zum Glück in eine Fußgängerzone umgewandelt hat. Geschäfte, Bars, Souvenirs. An der Piazza geht es links ab zum griechischen Theater. Vor dem Kartenhäuschen läßt ein alter Mann seine Kreisel tanzen. Jetzt nur noch ein wenig bergauf, und hinein in die Ränge: Spätestens da entfährt es mir, das unvermeidliche »Ah!« – »Setzt man sich nun dahin, wo ehemals die obersten Zuschauer saßen, so muß man gestehen, daß wohl nie ein Publikum im Theater solche Gegenstände vor sich gehabt. Rechts zur Seite auf höheren Felsen erheben sich Kastelle, weiter unten liegt die Stadt, und obschon diese Baulichkeiten aus neueren Zeiten sind, so standen doch vor alters wohl eben dergleichen auf derselben Stelle. Nun sieht man an dem ganzen langen Gebirgsrücken des Ätna hin, links das Meerufer bis nach Catania, ja Syrakus; dann schließt der ungeheure dampfende Feuerberg das weite, breite Bild, aber nicht schrecklich, denn die mildernde Atmosphäre zeigt ihn entfernter und sanfter, als er ist« (Goethe am 7. Mai 1787).

Das Theater

Die Griechen bezogen die Natur ins Schauspiel mit ein, und so konnte das Volk an lauen Frühlingstagen, wenn die Inszenierungen stattfanden, hinter den Schauspielern, die sich auf hohen Absätzen bewegten und Korkmasken trugen, welche die Akustik noch verstärkten, die Sonne auf- und untergehen sehen. Das Taormina-Theater stammt aus dem dritten vorchristlichen Jahrhundert und ist mit einem Durchmesser von 109 Metern das zweitgrößte griechische Theater Siziliens.

Die Römer zogen in späterer Zeit die Mauern hoch, die den Blick auf die Landschaft brechen sollten, und änderten auch die Anlagen der Szenerie (*scena*). Unverändert geblieben ist allein die einmalige Position oberhalb von Naxos, der ältesten griechischen Gründung auf Sizilien, und unterhalb des großen Vulkans, dem ich den nächsten Abschnitt widmen möchte.

Der Ätna

Der Gipfel, etwa 3340 Meter hoch, zeigt sich nur manchmal. Meist ist er von Wolken umspielt, fast das ganze Jahr schneebedeckt, und stets steigt Rauch auf, denn der Ätna ist nach wie vor aktiv. Wiederholt brechen neue Krater auf, inzwischen sind es um die 180. Noch immer bewegt sich die glühende Lava vom letzten Ausbruch in einer schwarzen Zunge, die kurz oberhalb der Ortschaft Zafferana Etnea erstarrt ist. Die Menschen hier leben mit dem Vulkan, wie sie es immer taten. Ihr Mut wird belohnt durch die enorme Fruchtbarkeit des vulkanischen Bodens, den bereits Homer in der »Odyssee« beschreibt:

»Sondern ohne zu säen und ohne zu pflügen, wächst alles, Weizen sowohl als Gerste und Reben, die ihnen bringen große Trauben für Wein, die ihnen der Regen des Zeus mehrt.« Ja, Odysseus. Seine Begegnung mit dem Vulkan, personifiziert in der Gestalt des einäugigen Kyklopen Polyphem, muß man beim Anblick des Berges mit einbeziehen.

Odysseus und der Kyklop

Odysseus gelangte auf seinen Irrfahrten auch hierher, an die Ostküste Siziliens. Etwas nördlich von Catania, beim heutigen Aci Trezza, betrat er das Land. Ihm sagte die fruchtbare, damals noch stark bewaldete Insel zu, auf der er zunächst einmal nur wohlschmeckende Wildziegen antraf. Die Insel war aber das Reich der einäugigen Kyklopen. In alten Zeiten hatten deren Ahnen für den Göttervater, das vulkanische Feuer nutzend, als Schmiede gearbeitet, doch die Nachfahren hausten als Ziegenhirten in Berghöhlen. Selten bekamen sie Menschenfleisch, ihre Lieblingsspeise, zu essen. Der schrecklichste unter den Riesen war Polyphem, der mit dem Vulkan Ätna selbst identisch war. Der neugierige Odysseus mit seinen Kameraden kam ihm gerade recht. Die Gruppe hatte es sich in der Höhle des Monsters gemütlich gemacht, gegessen und getrunken und die Heimkehr des Bewohners abgewartet. Umsonst verwies Odysseus auf das heilige Gesetz der Gastfreundschaft. Polyphem rollte einen dicken Felsblock vor den Höhlenausgang und begann seine

Besucher aufzufressen. Nach zweien schlief er ein. Zum Frühstück fraß er weitere zwei und verließ mit seiner Herde die Höhle, nicht ohne diese sorgfältig zu verschließen. Da war guter Rat teuer. Nach dem Abendbrot sah sich die Gruppe der ursprünglich zwölf Kameraden auf die Hälfte reduziert. Odysseus, der sich eine List ausgedacht hatte, bot Polyphem von seinem Wein an; da dieser bislang nur Milch getrunken hatte, wirkte der Alkohol sofort. Nun hatte Odysseus leichtes Spiel: Als der Riese betrunken daniederlag, flößte er ihm zudem noch eine Lüge ein: Er sagte dem Kyklopen, daß er »Niemand« (*oudeis*) heiße. Dann bohrte er einen zugespitzten Pfahl ins einzige Auge des Ungeheuers. Vom markerschütternden Schmerzgeschrei alarmiert, eilten seine Artgenossen herbei. Doch da Polyphem immer wieder versicherte, »Niemand« habe ihn geblendet, zogen sie wieder ab. Odysseus und seine Gefährten aber saßen noch immer in der Falle, der Höhlenausgang war weiterhin versperrt. Doch auch hier ließ sich Odysseus etwas einfallen: Als der Kyklop am Morgen den Stein ein wenig verschob, um seine Herde passieren zu lassen (nicht ohne jedem Tier prüfend über den Rücken zu streifen), hatten sich die Männer unter die Ziegen gehängt, so daß sie von ihnen ins Freie getragen wurden. Wieder am Schiff, rief Odysseus dem Kyklopen zu: »Sollte man dich fragen, wer dich geblendet hat, so sage ihm, daß es nicht ›Niemand‹ war, sondern Odysseus von Ithaka!« Der Riese schleuderte ihm in blinder Wut (!) ein paar Felsblöcke hinterher, die das Schiff fast zum Kentern brachten und noch heute bei Aci Trezza, als ständige Warnung vor den »blinden Kräften« der Natur, aus dem Meer herausragen.

Eine Besichtigung der Ätnakrater war mir nicht möglich. Heftiger Schneefall hatte die Straße zum Gipfel unpassierbar gemacht. Dafür habe ich die noch rauschende Magma-Lavazunge über Zafferrana Etnea aus der Nähe betrachten können: Schwarz und heiß, ist sie das genaue Gegenteil vom Gletscher, obwohl die Formen völlig identisch sind.

Auf dem Feuerberg

In etwa 2000 Meter Höhe wird es karg. Aus dem schwarzen, rauhen Grund brechen vereinzelte Ginster- oder Wacholderbüsche hervor, man sieht ihnen an, daß sie mühsam ums Überleben kämpfen. Erde gibt es hier nicht, alles ist Lavastein, der Boden hart und kantig. Kleine und große Krater bedecken die Oberfläche und verwandeln sie vollends zu einer Mondlandschaft. Der Gipfel hält sich hinter Wolken versteckt. Ungefähr 4000 Meter unter mir brodelt glühendes Gestein bei einer unvorstellbaren Temperatur von 1221 Grad Celsius, während mir der Wind kalt um die Ohren bläst.

Im Osten blinkt das Meer längs der »Kyklopenküste«, wie der Küstenstreifen auch genannt wird. In diesem Gebiet liegen viele Orte, deren Namen mit »Aci« beginnen, zum Beispiel Aci Trezza, Aci Castello und Acireale. Sie erinnern an den griechischen Mythos der Galatea, die sich leidenschaftlich in den Hirten Aci verliebte. Polyphem sah dies nicht gern, denn er wiederum verehrte die schöne Galatea, die den häßlichen Kyklopen jedoch zurückwies. Da tötete er seinen Rivalen; die weiße Nereide verwandelte seinen Leichnam mit Hilfe der Götter in eine Quelle, die seitdem, traurig murmelnd, vom Vulkanberg hinunterfließt. Da, wo die Quelle entsprang, existierte bis ins 11. Jahrhundert ein Ort namens »Aci«, der jedoch von einem Erdbeben zerstört wurde. Seine Einwohner gründeten andere Städte, die sie weiterhin nach ihrem »Aci« benannten. Die Liebesgeschichte von Aci und Galatea kennen wir durch Ovid, der sie in seinen »Metamorphosen« beschreibt.

Der Mythos diente gleichfalls dazu, den Wasserreichtum des Vulkans zu erläutern. Die naturwissenschaftliche Erklärung ist einfacher: Eine wasserundurchlässige Lehmschicht verhindert das Versickern des Regenwassers ins Grundwasser; so werden die unterirdischen Wasserläufe abgewiesen und »umgeleitet«, bis sie, angereichert mit den wertvollen Mineralien der vulkanischen Erde, wieder an die Oberfläche treten.

Brodelndes Inferno, irdisches Paradies

Ein Gedanke sei noch dem griechischen Philosophen Empedokles gewidmet, der in den dampfenden Krater fiel, sprang oder gestoßen wurde (auf ihn werde ich noch zurückkommen). Und die Erkenntnis, daß der Ätna mehr ist als ein Berg: nämlich eine weite Gebirgslandschaft mit eigener Flora und Fauna, mit eigenen Gesetzen; brodelndes Inferno im tiefen Innern und irdisches Paradies an den fruchtbaren Hängen seiner Oberfläche – ein Paradies jedoch, aus dem man jederzeit vertrieben werden kann. Seit Odysseus' Zeiten ist der Ätna Mythos und Geschichte, Sitz der Überirdischen und seinen sterblichen Bewohnern ständige Herausforderung, die sie immer wieder angenommen haben.

Syrakus: Stadt der Göttinnen, Nymphen und Märtyrerinnen

Rom, Athen, Syrakus waren die drei Hauptstädte der Antike. Über ein halbes Jahrtausend hinweg war Syrakus die bedeutendste griechische Kolonie am Mittelmeer. Die Metropole zählte 200 000 bis 300 000 Einwohner, eine für die damalige Zeit enorme Zahl. Die strategisch günstige Lage im Südosten der Insel, der natürliche Hafen, die Fruchtbarkeit der Erde, das milde Klima und die Ergiebigkeit der Arethusa-Quelle haben die Siedler seit jeher angelockt und begünstigt.

Als im Jahr 734 vor unserer Zeitrechnung die Schiffe aus Korinth diesen Ort der Insel ansteuerten, lebten hier bereits die Sikaner. Die Griechen vertrieben das wehrlose Eingeborenenvölkchen ins Landesinnere und gründeten Syrakus. Zunächst beschränkten sie ihre Gründung auf die vorgelagerte Ortygia-Insel, die der Göttin Artemis geweiht wurde. Hier errichteten sie der Artemis, der römischen Diana – und der Athene, der Minerva Roms, stattliche Tempel.

Tempel, Kirche, Kaserne

Die Reste des Artemis- oder Apollontempels liegen vor mir, kurz nachdem ich die Brücke, welche das Nebeneiland mit der Hauptinsel verbindet, überschritten habe. Sie sind Relikte des ältesten griechischen Tempels auf Sizilien, der vielleicht sogar noch im siebten vorchristlichen Jahrhundert errichtet worden war. Erst vor etwa hundert Jahren wurde er wiederentdeckt. Während der Ausgrabungen 1938 bis 1943 stieß man auf eine verwirrende Sammlung von Funden aus den verschiedensten Epochen, die belegen, daß der Tempel in byzantinischer Zeit als Kirche, in arabischer als Moschee verwendet wurde. Die Normannen machten aus ihm wieder eine christliche Kirche, während die Spanier ihn schließlich als Kaserne nutzten. Die außergewöhnliche Länge von fast 60 Metern und der enge Abstand zwischen den trutzigen Säulen bestätigen, daß der Tempel in archaischer Zeit entstand. Heute ist das eingezäunte Ruinenfeld eine Art Stadtbrache, um die herum lebhaftes Markttreiben herrscht. Die schmale Via Cavour, die nicht weit hinter dem Apollontempel vom Corso Matteotti abgeht, führt direkt zum Dom.

Fassade des Domes in Syrakus mit den antiken Tempelsäulen

Der Dom

Die Barockfassade täuscht: Die Kirche ist, das kann man bereits an der seitlichen Fassade erkennen, nichts anderes als der ehemalige Tempel der Athene selbst. In römischer Zeit geplündert, wurde er von den byzantinischen Griechen zur Kirche umgebaut. Der Tempel aus dem fünften vorchristlichen Jahrhundert bestand ursprünglich aus sechs Frontsäulen und vierzehn seitlichen; der Innenraum, die Cella, war ihrerseits von Säulen eingerahmt, die Portale waren mit Elfenbein und Gold verziert.

Der goldene Schild der Athene am Giebel des Tempels leuchtete weit über das Meer: Seefahrer, die Syrakus verließen, mußten ein Gefäß mit glühenden

Kohlen vom Altar des Zeus in Händen halten, solange der Schild zu sehen war. Die schweren dorischen Säulen ließen sich nicht so leicht davontragen, und so stehen sie noch immer, frei oder ummauert, in der Kathedrale und erinnern an längst vergangene Zeiten und die Unsterblichkeit der Götter.

Santa Lucia

Hier am Domplatz steht auch das Kirchlein der Schutzheiligen der Stadt: die »Chiesa Santa Lucia alla Badia«. Es ist ein Barockkirchlein mit Rokoko-Anklängen, das nach dem großen Erdbeben 1693 im südamerikanischen Stil errichtet wurde. (Auf ganz Sizilien konnte sich der barocke Stil so gut durchsetzen, weil Erdbeben im 17. Jahrhundert immer wieder große Teile der Städte zerstört hatten, die neu errichtet werden mußten. Es entwickelte sich der sizilianische Barock, der das Bild vieler Städte stark geprägt hat, nicht unbedingt zu deren Nachteil.)

Am ersten Maisonntag jeden Jahres verläßt die silberne Statue der Heiligen ihre Kapelle im Dom. Feierlich wird sie zur Kirche geführt, wo sie acht Tage bleibt. Die Märtyrerin war im Jahr 303, nachdem sie den Scheiterhaufen unbeschadet überstanden hatte, enthauptet worden. Über ihrem Grab entstand die »Chiesa Santa Lucia al Sepolcro«, wohin ein bunter Prozessionszug die Statue an jedem 13. Dezember führt. Dort verweilt sie über die Weihnachtszeit hinaus, und die ganze Stadt präsentiert sich in fröhlichem Fahnenschmuck. Ihre Grabstelle jedoch ist schon lange leer: Über Konstantinopel gelangten ihre Gebeine nach Venedig, wo sie noch immer, in der »Chiesa San Geremia« am Canal Grande, ruhen.

Von der Schutzheiligen zur Quellnymphe: Wegweiser führen hinab ans Ufer, zur Quelle »Fonte Aretusa«, die im letzten Jahrhundert in ein halbrundes Becken gefaßt wurde.

Fonte Aretusa

Auch Arethusa, Freundin und Jagdgefährtin der Artemis, ist auf der Insel Ortygia heimisch. Um die Nymphe vor den Nachstellungen des Flußgottes Alpheus zu retten, verwandelte die Göttin sie in jene Quelle, die in unmittelbarer Ufernähe entspringt. Alpheus jedoch verfolgte die Nymphe unterirdisch und durchquerte sogar das Meer, um bei der Arethusa-Quelle neu zu entspringen und sich mit jener zu vereinigen.

Fonte Aretusa

Heute wächst im Becken Papyrus, den bereits die Griechen zur Papierherstellung verwendeten. Stattliche Magnolien und haushohe Exemplare des »Ficus Benjamini«, den wir als Zimmerpflanze kennen, säumen das Ufer. Die breite Promenade führt mich zurück zur Brücke. Auf der anderen Seite schließt sich der zweitälteste Stadtteil des alten Syrakus an: Achradina.

Achradina – unter der Erde, über der Erde

Leicht ansteigend, gelange ich zur *Zona archeologica* mit griechischem und römischem Theater, dem Hieronsaltar und den berühmten Steinbrüchen mit ihren Höhlen und Grabstellen aus verschiedenen Epochen.

Cicero behauptete einmal, daß es keinen Tag gebe, an dem in Syrakus nicht die Sonne scheine; indes wird der Regen immer heftiger. In den ehemaligen Steinbrüchen – griechisch: *Latomien* –, wo einst Tausende von Kriegsgefangenen schufteten, wachsen liebliche Zitronen- und Orangenbäume, weshalb der Ort heute auch den Namen »Paradies-Latomie« trägt. Der Stein wurde unterirdisch gefördert, das heißt, man höhlte den Berg von innen aus, damit die Sonne ihn nicht austrocknete. Spätestens die großen Erdbeben des 17. Jahrhunderts haben die riesigen Höhlen endgültig einstürzen lassen; so blieb von ihnen nur noch ein Stützpfeiler übrig, der sich mitten im Steinbruch erhebt.

Das »Ohr« des Tyrannen

Der »schlitzohrige« Eingang zur Grotte »Ohr des Dionys« ist weithin sichtbar. Man sagt, der Tyrann habe die außergewöhnliche Akustik der Höhle dazu genutzt, die Gespräche seiner Gefangenen zu belauschen. Dies ist zwar eine nachträgliche Unterstellung; der Tatsache entspricht jedoch, daß hier die

In den Steinbrüchen

kriegsgefangenen Athener und Karthager eingeschlossen wurden und eine solche Menge an Baumaterial abtrugen, daß sich zwei Jahrtausende später noch die Spanier davon bedienen konnten.

»Die Latomien waren die Galeeren von Syrakus« (Gregorovius), und als Katakomben wandelten sie sich zu Friedhöfen der Stadt. Im Laufe der Jahrhunderte wurde das unterirdische Netz im weichen Kalkgestein immer verzweigter; nach strengem System entstanden die Totenstädte: »Gleich einem Wurm in der Erde scheint hier der Tod gekrochen zu sein und seine labyrinthischen Gänge ausgewühlt zu haben. Geschlecht nach Geschlecht hat er in diese Schächte getragen, und Millionen sind hier vermodert. Mit Schaudern stand ich in diesen gähnenden Gassen und fühlte die grenzenlose Tiefe der Nacht, über die unser winziges Menschenleben grausam hingestellt ist und zitternd schweben muß. Nicht Schädel, nicht Knochen sind mehr zu sehen; wo sie geblieben, weiß ich nicht zu sagen. Alles ist hohl und leer und still wie das Nichts. Die Zeit, welche die Werke des Lebens oben auf Achradina spurlos vertilgt hat, hat hier unten selbst den Tod getötet« (Gregorovius).

Auch das angebliche Grabmal des Archimedes muß sich hier in der Nähe befinden; das nach ihm benannte ist es mit Sicherheit nicht. Auf dem wirklichen Archimedesgrab soll eine Säule gestanden haben, die als Inschrift den berühmten Lehrsatz des Mathematikers über das Verhältnis von Zylinder zu Kegel trug. Cicero berichtet, daß er es seinerzeit

Hieronsaltar

gesucht und unter dichtem Dornengestrüpp auch gefunden habe; seitdem hat es keiner mehr gesehen.

Die »Viale Paradiso«, zurück in Richtung griechisches Theater, wird auf der linken Seite vom längsten aller griechischen Altäre, dem fast 200 Meter langen, sagenumwobenen Hieronsaltar, begleitet. Bei den alljährlichen »Hekatomben« schlachteten die Priester 100 Ochsen, die gebraten und den Göttern geopfert wurden. Dionysios berichtet sogar von 450 Rindern. Nachdem die Priester ihren Teil nach den strengen Regeln des Ritus verzehrt hatten, wurde das Fleisch unter das Volk verteilt. Hunderttausende scharten sich um den Altar. Heute ist nur noch der in den Fels gehauene Sockel vorhanden, alle beweglichen Steine wurden, zuletzt von den Spaniern, abtransportiert. Den Altar soll einst ein weiter Platz mit Säulengängen umgeben haben mit einem Wasserbecken in der Mitte, in dem sich die Priester nach der Opferungszeremonie reinigen konnten.

Im größten griechischen Theater der Insel

Zum griechischen Theater geht es leicht bergauf. Nach Taormina kann der erste Eindruck nur enttäuschen, denn die ursprünglich schöne Sicht aufs Meer ist nicht mehr als solche zu bezeichnen, weshalb sie wohl auch durch Baumreihen verstellt wurde. Die Anlage wirkt trotzdem imposant, nicht nur, weil hier »die Komödie« geboren wurde. Es ist das größte griechische Theater der Insel, 15 000 Zuschauer fanden auf den 67 Sitzreihen bequem Platz. Die Reihen sind weitgehend in den natürlichen Fels geschlagen, nur die obersten bedurften einer »künstlichen« Ergänzung. (Auch diese Steine wurden in spanischer Zeit weggeschafft und anderweitig verwendet.) Das Theater muß schon im fünften vorchristlichen Jahrhundert erbaut worden sein, denn Aischylos soll hier im Jahr 470 seine »Perser« aufgeführt haben.

Während die Griechen sich durch die Katharsis der Tragödie läuterten oder an den komischen Aufführungen der maskierten Mimen ergötzten, diente das Theater den Römern in den ersten nachchristlichen Jahrhunderten für ihre gewalttätigen Spiele, weswegen einige Umbauten der Szenerie nötig wurden. Das unumstößliche Gebot der Einheit von Zeit und Ort sowie die Einbeziehung der realen Landschaft ins Schauspiel galten den Römern nichts. Um das Bühnenbild wechseln und blutige Kampfspiele aufführen zu können, halbierten sie den kreisförmigen Chor. Schließlich, vermutlich im 3. Jahrhundert unserer Zeitrechnung, errichteten sie ihr eigenes Theater, das Amphitheater.

Nur das römische Kolosseum und das Amphitheater von Verona sind größer als dieses hier mit seinen 140 Metern Länge und 119 Metern Breite. Auch hier sind die oberen Reihen und jeglicher Schmuck verschwunden; im Mittelpunkt der Arena kann man noch die Fundamente des Wasserbeckens erkennen, auf dem Schiffsschlachten inszeniert wurden. Ansonsten diente das Theater dazu, Gladiatoren gegeneinander oder gegen wilde Tiere antreten zu lassen.

Und zur Ehrenrettung von Ciceros Wort sei hinzugefügt, daß die Sonne inzwischen wieder herausgekommen ist.

Die »Trinacria«: ewig rennende Meduse

Ein Besuch im neuen archäologischen Museum der Stadt (Museo Archeologico Regionale P. Orsi) bereichert die Vorstellung der vergangenen Zeiten auf sinnliche Art. Hier treffe ich gleich auf mehrere Darstellungen des schrecklichen Medusenhauptes, das ich bislang vergeblich suchte. In der archaischen Zeit stellten die Griechen das Antlitz der Gorgonentochter als Schutz vor dem Bösen dar: Zu einem furchtbaren Lachen verzerrt ist ihr Gesicht; die Zunge hängt ihr weit aus dem Hals; so flößt sie jedem, der ihr gegenübertritt, Furcht ein. Ab dem fünften vorchristlichen Jahrhundert trat allmählich die ansehnlichere Athene an ihre Stelle.

Das Symbol Siziliens

Die »Trinacria« ist seit jener Zeit das »Wappen«, das Symbol der Insel. Rund wie die Sonne, im Mittelpunkt das Haupt der Medusa oder der Athene, umwachsen von Schlangen, die das Gute und das Böse zugleich verkörpern. Adlerflügel, die den Platz der Ohren eingenommen haben, tragen die Toten in den Himmel. Der ewige, dreibeinige Lauf betont den immerwährenden Kreislauf alles Seins; symbolisiert die Strahlen der Sonne (Anklänge an den alten Sonnenkult) und damit das Leben; die Dreiheit als die immer wiederkehrende, heilige Zahl. Gleichzeitig drücken sich in der Form des Dreiecks die Umrisse der Insel aus.

Die großen Kultstellen der griechischen Götterwelt anvisierend, verlasse ich Syrakus in Richtung Westen. Kurz hinter der Stadt entdecke ich einen der fast ausgestorbenen Johannisbrotbäume. Von den langen, platten Schoten mit den süß schmeckenden Erbsen soll Johannes der Täufer sich in der Wüste ernährt haben. Der Baum ist stattlich, seine Rinde rötlichbraun und stark zerfurcht. Die Samen des Johannisbrotbaums haben immer genau das gleiche Gewicht, weshalb sie in der Antike als Maßeinheit für Edelsteine und dergleichen verwendet wurden. »Karat« kommt vom griechischen *keràtion,* was auf deutsch in etwa Bohne des Johannisbrotbaums bedeutet.

Agrigent: Stadt des Tyrannen und des Philosophen

Griechische Siedler aus Rhodos und Kreta gründeten die Stadt im Jahr 581 vor Christi Geburt. Sie benannten sie nach einem der Flußläufe des Tales »Akragas«. Die Neusiedlung sollte sich bald zur »schönsten aller Städte, die je von Menschenhand errichtet wurden«, entwickeln (Pindar, 474 v. Chr.). Der Handel mit Karthago hatte der Stadt zu Wohlstand verholfen.

Kontraste: Der Tyrann ...

Namen, die mit der Blütezeit Agrigents im fünften vorchristlichen Jahrhundert untrennbar verbunden sind, sind jene des Tyrannen Phalaris und des Philosophen Empedokles. Ersterer war hart und grausam; Berüchtigung erlangte seine Erfindung des bronzenen Stieres, in dessen Leib Phalaris seine Feinde einsperren und überm Feuer braten ließ; ihre Schmerzensschreie entwickelten sich in dem makabren Resonanzkörper zu einem tierischen Gebrüll, an dem der Tyrann sich ergötzte.

... und der Philosoph

Empedokles, der demokratische Philosoph und Naturforscher, war sein Gegenspieler. Vergeblich versuchte er Phalaris zur Demokratie zu bekehren. Erlösung von der Gewaltherrschaft verschaffte sich schließlich das Volk selbst, indem es den Tyrannen steinigte. Ein Gleichnis des Pythagoras soll dabei stimulierend gewirkt haben: warum denn die Tauben so furchtsam den Sperber flöhen, statt sich gemeinsam gegen ihn zu wenden. Das Volk hätte gerne den Philosophen Empedokles als seinen Herrscher begrüßt, doch dieser lehnte die Königskrone ab. Statt dessen setzte er sich nach dem Tod des Tyrannen für die Einführung von demokratischen Rechten in Akragas ein, die alle Bürgerklassen gleichstellte. Gemeint waren natürlich nur die freien Männer, und auch er selbst schloß sich lieber aus: Als Philosoph und universales Genie erachtete er sich den Göttern näher als den Menschen. Das brachte er auch durch seine Kleidung zum Ausdruck: Purpurn waren seine Gewänder, einen goldenen Kranz trug er auf dem wallenden Haar. Eine Schar geschmückter Knaben folgte ihm auf Schritt und Tritt. Überall kannte man seinen Namen, hatte von ihm gehört. Da er wie kein anderer seiner Zeit die Natur und ihre Gesetze, ihre vier Elemente Feuer, Wasser, Erde, Luft erforscht hatte, konnte er kleine »Wunder« vollbringen: Bei Selinunt war es ihm gelungen, ein stehendes Gewässer abzuleiten und damit der Malaria Einhalt zu gebieten; immer wieder heilte er Kranke, führte Sterbende zum Leben zurück. Er kannte sich aus mit den Wanderungen der Seelen, in seiner eigenen spürte er die eines Fisches, denn das Wasser war ihm ein vertrautes Element. In seiner fragmentarisch erhaltenen Abhandlung »Über die Natur« hat er seine Erkenntnisse überliefert.

Es gibt die verschiedensten Geschichten über seinen Tod; die bekannteste ist zweifellos diejenige, die von seinem Sturz in den Krater des Ätna erzählt. Ob der Philosoph und Forscher sich zu weit vorgewagt hat, ob er bewußt hineinsprang oder gestoßen wurde, darüber kann man spekulieren. Eine seiner Sandalen will man am Kraterrand entdeckt haben; ihn hat, so heißt es, der Ätna wieder ausgespien.

Das Tal der Tempel

Auf einem 120 Meter hohen Muschelkalkmassiv nicht weit vom Meer erhoben sich die Tempel der Griechen, aneinandergereiht wie Perlen an einer Schnur. Noch heute ist es ergreifend, wenn die »Valle dei Templi«, das »Tal der Tempel«, sichtbar wird.

Der Name täuscht, denn die griechische Stadt erstreckte sich über ein Hochplateau, das von den dorischen Heiligtümern gesäumt war: Sie sollten aus der Ferne und von unten gesehen werden. Den Seefahrern verkündeten sie von weitem die Herrschaft der Götter, die hier das Küstengebiet schützten. Feindliche Annäherung bedeutete somit zugleich ein Sakrileg.

Hinter dem Tempel der Hera taucht der guterhaltene Concordiatempel auf, dann werden die Ruinen des Heraklestempels sichtbar; die Straße beschreibt nun einen Bogen und führt bergauf, vorbei an der frühchristlichen Nekropole und der Wohnstadt der Griechen, die sich vor den Tempeln erstreckten. Die gesamte Hochebene war von einer 13 Kilometer langen Mauer umgeben, die zusätzlichen Schutz bot. Hier sind die Ausgrabungen im Gange. Ein schöner Spazierweg verbindet die Tempel heute miteinander.

Das Heiligtum der Göttermutter

Es regnet wieder einmal, aber überm Meer senkt sich rot die Sonne. Die winterliche Abendstimmung verstärkt das Gefühl für die Vergangenheit und Vergänglichkeit. Nutzlos ragen die mächtigen Säulen zum Himmel. Ihren Stolz haben sie bewahrt, noch immer gehören sie zur Welt der Götter. Sie lassen ahnen, wecken Neugier – auf das, was war, und auf das, was sein wird. Das Gehirn bemüht sich, aus den Fragmenten ein Bild entstehen zu lassen. Es kann nicht mit gesicherten Fakten aufwarten, hat aber Vorstellungen von dem, was gewesen sein könnte. Zum Beispiel hier, am Tempel der Göttermutter, wenn es denn wirklich ihr Tempel war, auch das ist nur eine Vermutung. Aber – hätte man die Tempel einfach mit A, B, C abstempeln sollen, wie es in Selinunt geschah? Nein, dann schon lieber etwas real Klangvolles, ein Name, der die Phantasie beflügelt.

Hera, Göttermutter und Gattin des Zeus, war

Concordiatempel in Agrigent

zuständig für die familiären Belange. In ihrem Tempel fanden die Trauungen statt, von denen man folgendes weiß: Zunächst reinigte sich das Paar im heiligen Fluß Akragas. Im Tempel trug die Braut ein weißes Gewand, dessen Gürtel durch den berühmten Herkulesknoten verschlossen war. Ein Lamm, Symbol der Reinheit und Zuneigung, wurde geopfert. Dann legte der Priester die rechten Hände des Brautpaares ineinander. Wenn die Frau schwanger wurde, kehrte man in den Tempel zurück, um der Hera zu danken. Der Mann löste dabei den Gürtelknoten am Kleid seiner Frau, damit der Bauch nun ungehindert wachsen konnte; der Gürtel blieb als Dankesgabe im Tempel zurück. Die verheirateten Frauen kamen hierher, um über ihr hartes Los zu klagen. Sie wußten, daß Hera, selbst Gemahlin eines treulosen und unberechenbaren Mannes, sie verstehen würde.

Wie alle Tempel ist auch der der Hera, die bei den Römern Juno hieß, nach Osten ausgerichtet. In der Mitte des fünften vorchristlichen Jahrhunderts entstanden, weist seine Bauweise alle Merkmale der klassisch-griechischen Zeit auf: 34 Säulen mit etwa 1,70 Meter Durchmesser, sechs Meter Höhe, 20 Kannelüren stützten das Dach des rechteckigen Gebäudes von allen Seiten. Drei hintereinanderliegende kleine Räume im Innern bargen den Tempelschatz: *Pronaos* (Vorhalle), *Naos* (römisch *Cella*), *Opithodomos* (Rückhalle). Im hinteren Teil des *Naos*, auf einem vierstufigen Sockel, stand die Statue der Gottheit, zu der allein der Priesterin der direkte Kontakt gestattet war.

Ein schmaler Fußweg folgt der einstigen Stadtmauer am Rand des Abhangs. Der poröse Muscheltuff der Felsen und des Gemäuers ist durchfurcht von Nischen und Höhlen, die ab und zu den Blick auf die Ebene freigeben; Grabstellen vergangener Zeiten. Sanft neigt sich die hohe Ebene zum Tempel der Concordia und weiter zu dem des Zeus:

»Landschaft von tiefstem Ernst«

»Blicken wir nun zum Meer, so senkt sich hier plötzlich und tief das Land, braun und öde, eine Landschaft von tiefstem Ernst der Formen, welcher mit den dorischen Tempeln machtvoll übereinstimmt. Überall große Massen, lange Linien, himmlische Weite, und der blaue Spiegel des Meeres; ein rotbrauner Farbenton von wärmster Glut, eine fast afrikanische Wüste, still durchbrochen vom Silbergrau der Olivenhaine« (Gregorovius). Vereinzelte

Olivenbäume hier oben scheinen uralt und mächtig wie die Tempel selbst, die Wiesen sind selbst jetzt, im Winter, von winzigen weißen Blümchen bedeckt.

Der Concordiatempel, über 2300 Jahre alt, ist einer der am besten erhaltenen Tempel überhaupt. Er gilt als Meisterwerk der dorischen Architektur: Schlichtheit, aber absolute Ausgewogenheit seiner Formen kennzeichnet seine Bauweise, die jener des Heratempels ähnelt. Im Jahr 597 unserer Zeitrechnung wurde der Tempel in eine Kirche umgewandelt; während die äußeren Tempelreihen zugemauert wurden, legte man die drei Innenräume frei, in denen die heidnischen Heiligtümer und Kultgegenstände aufbewahrt worden waren, so daß sich eine dreischiffige Kirchenstruktur ergab. (Ähnlich wie der Dom von Syrakus aus dem Tempel der Athene hervorgegangen ist. Die Umwandlung eines vorchristlichen Heiligtums in eine Kirche stellt auf Sizilien keine Besonderheit dar. Allein in Agrigent gibt es zwei weitere Beispiele: Der Athenatempel wurde zur Marienkirche, jener der Demeter zur Kirche des San Biagio.)

Das Heiligtum des »Nationalhelden«

Dem Herakles war der unterste und prächtigste der drei Tempel geweiht. Die Zuschreibung ist in diesem Fall ziemlich sicher, denn Cicero hat eine genaue Beschreibung seiner Bronzestatue, die sich im *Naos* befand, überliefert. Sie muß von außergewöhnlicher Schönheit gewesen sein, und die Bevölkerung verehrte sie in besonderem Maße, so daß es auch dem räuberischen Verres nicht gelang, sie zu entführen; das ganze Volk stellte sich geschlossen davor.

Herakles war der »Nationalheld« Siziliens; er wurde bei nächtlichen Alpträumen und quälenden erotischen Phantasien im Morgengrauen angerufen. Seit dem Jahr 1922 recken sich die Säulen wieder zum Himmel und veranschaulichen auf plastische Weise die imposanten Ausmaße des Tempels, der fast doppelt so lang war wie die zuvor gesehenen.

Der größte Tempel gebührt dem Göttervater

Jenseits der heutigen Straße lag das »Olympion«, der irdische Wohnsitz des Göttervaters Zeus. Erstes Indiz ist der schlafende Riese, der Telamon des Atlas, der sich auf siebeneinhalb Meter Länge über den Boden erstreckt. Die Kanten der 26 einzelnen Tuffsteinblöcke, aus denen er sich ursprünglich zusammensetzte, sind längst zerbröselt, so daß die Figur aussieht, als bestehe sie aus runden Reifen. Einst schmückte sie den größten aller Tempel, der dem Göttervater Zeus als Dank für den Sieg über die Karthager errichtet worden war (480/79 v. Chr.). Seine ungeheuren Dimensionen – 56 mal 113 Meter – lassen vermuten, daß er nicht vollständig überdacht war. Gewaltige Säulen mit einem Durchmesser von über vier Metern trugen die 80 Tonnen schweren Kapitelle in 18 Meter Höhe. Allerdings waren es »halbierte« Säulen, die nur nach außen aus der geschlossenen Fassade hervortraten: sieben auf den Breitseiten, 14 auf den Längsseiten. In jede der zehn Kannelüren paßte bequem ein Mensch, wie Diodor bereits feststellte und Goethe selbst ausprobierte: Ihn erinnerten die wahllos herumliegenden Säulenglieder an riesige Mühlräder, denn auch sie haben in ihrer Mitte ein Loch. Dies diente zum einen dem Transport und zum anderen der Solidität der Konstruktion, die mit Stiften aus Blei verlötet wurde. Die Figuren des Atlas, der von Zeus dazu verdammt war, die Last der Welt auf seinen Schultern zu tragen, zierten nach Art der Ägypter den oberen Teil der Fassade, indem sie, zwischen den Säulen in das Mauerwerk eingelassen, die Dachkonstruktion zu tragen schienen.

Unterhalb der Ruine lagen die Fruchtbarkeitsaltäre der Demeter. Der runde und der rechteckige Altar gehören zu den ältesten Kultstätten von Akragas. Hier opferten die Frauen den chthonischen (unterirdischen) Gottheiten, der Demeter und der Persephone, die für die Fruchtbarkeit des Landes zuständig waren: Alljährlich im Oktober vollzog man hier die rituellen Fruchtbarkeitskulte, von denen Ovid berichtet. Teilnehmen durften nur die verheirateten Frauen im gebärfähigen Alter. Am ersten Tag begingen sie die Prozession der Eleusischen Demeter, am zweiten Tage reinigten sie sich und fasteten. Am dritten Tag schließlich fand das große Festgelage statt, bei dem in erster Linie gebärfreudige Tiere geopfert und auf dem rechteckigen Altar gebraten wurden. Im Innern des runden Altars, der zur Mitte hin über drei Stufen ansteigt, überreichten die Frauen ihre persönlichen Gaben: Exvotos in Form männlicher oder weiblicher Genitalien, aus Wachs oder Brotteig geformt. Das Verzehren solchen Brotes war den Frauen Garant für ihre Fruchtbarkeit, aber auch für die der Felder. Blieb der Regen aus und drohte die Ernte zu vertrocknen, so versammelten sich die Frauen zu einem langen Trauermarsch. Die vergossenen Tränen fingen sie in kleinen Behältern *(lacrimatoi)* auf und brachten sie dann der Göttin dar. Nun lag es an ihr, ob sie die Tränen vermehrte und in Regentropfen verwandelte oder ob sie, aus welchen Gründen auch immer, das dargebrachte Opfer verschmähte.

Das Ritual der Fruchtbarkeit

Der Tempel des Asklepios lag unten im Tal: Das Haus des Gottes der Gesundheit und Medizin war zugleich Hospital, wo sich die Kranken einfanden, um sich über Nacht »gesundzuschlafen«. Der Mythos des Gottes ist so aktuell, daß ich ihn kurz erzählen möchte: Asklepios lebte zurückgezogen in den Wäldern und studierte die Eigenschaften der Pflanzen und Kräuter. Bald gelang es ihm, auch Schwerkranke zu heilen. Im Bereich der Chirurgie hatte er ebenfalls Erfolge; so konnte er Hippolytos, der ungerechterweise von Poseidon getötet worden war,

Der Mythos vom Gott der Heilkunst

wieder zum Leben erwecken. Mit dieser Tat hatte er jedoch ein Sakrileg begangen, weil er sich gegen die strengen Gesetze der Natur verging. Zeus schleuderte seinen todbringenden Blitz auf Asklepios hernieder. Er verwies damit die Medizin in ihre Schranken: In den Bereich des Todes durfte sie nicht eindringen! Vielleicht hat Asklepios wirklich gelebt: und zwar in Tessaglia (Tricca), wo ihm vor fast drei Jahrtausenden nach seinem Tod ein Tempel errichtet wurde, der ihn nachträglich »vergöttlichte«.

Die Geschichte von Akragas, um das Hannibal sterbend kämpfte, vom römischen Kornspeicher »Agrigentum«, vom arabischen »Kirkent« und dem bis in unser Jahrhundert hinein üblichen »Girgenti« ist lang; keine der den Griechen nachfolgenden Kulturen hat es jedoch geschafft, die Erinnerung an die weite Welt ihrer unsterblichen Götter, die sich hier niedergelassen haben, auszulöschen.

Selinunt

Hundert Kilometer weiter westlich, immer der Küstenstraße folgend, liegt Selinunt, die größte archäologische Grabungsstätte Europas. Sie breitet sich über verschiedene sanft geschwungene Hügel unmittelbar überm Meer aus. Die Griechen benannten ihre Gründung nach dem wilden Selleriekraut *selinon*, das noch heute zahlreich in den weiten Wiesen zu finden ist. Sie machten die Pflanze zu ihrem Emblem, prägten ihr Blatt auf ihre Silberdrachmen. Selinunt als Stadt gibt es nicht mehr. Die Geschichte des Ortes, den vor den Griechen schon die Phönizier und vor diesen eingeborene Völker bewohnt hatten, endete mit dem Sieg Hannibals im Jahr 409 vor unserer Zeitrechnung. Selinunt wurde zerstört, seine sieben dorischen Tempel stürzten nach und nach zusammen, Erdbeben besorgten den Rest. Über Jahrhunderte hinweg geriet die Stadt vollkommen in Vergessenheit, überwuchert vom Gestrüpp der Zeit in menschenleerer Gegend. Selbst an ihren Namen wollte sich keiner mehr erinnern, obwohl ihn Vergil als besonders »palmenreich« im dritten Buch seiner »Äneis« verewigt hatte.

Die Blütezeit der Archäologie auf Sizilien

Der sizilianische Geschichtsschreiber Fazello spürte die Ruinenlandschaft im 16. Jahrhundert auf; doch zu systematischen Ausgrabungen kam es dann erst im letzten Jahrhundert, der Blütezeit von Geschichtswissenschaft und Archäologie. Vor allem englische Forscher trieben die sizilianischen Grabungen zu Beginn des 19. Jahrhunderts voran. Der berühmteste, weil erfolgreichste Forscher der Epoche war jedoch zweifellos Serra di Falco, der die aufsehenerregenden Ergebnisse seiner Forschung minuziös niederschrieb.

Der deutsche Historiker Ferdinand Gregorovius war Augenzeuge der Grabungen. Zweimal, einmal im Jahr 1853 und dann noch einmal 1886, besuchte er Selinunt. In den 33 Jahren, die zwischen den beiden Besuchen lagen, war einiges geschehen: Neben den Wissenschaften hatte auch die Technik auf der Insel Einzug gehalten. Sizilien war »modern« geworden; von Palermo aus gab es eine Bahnlinie in Richtung der Grabungsstätten von Segesta und Selinunt. Nun reiste man schneller und auf vorgegebenen Gleisen. Daß diese Art des »modernen Reisens« auch ihre Nachteile hat, erkannte bereits Gregorovius, der bei seiner zweiten Fahrt nach Selinunt bemerkt: »Nur zu schnell stürmt der Eisenbahnzug durch diese Gärten der Hesperiden hin, für welche er nicht erfunden ist, und ich muß mir oft genug sagen, daß die rasende Hast, mit der wir jetzt über die Erde fortgeschleift werden, den Reisenden zu verflachen droht. Die Selbsttätigkeit des Geistes

Tempel der Hera in Selinunt

hört dabei auf; an die Stelle erworbener Erfahrung tritt das nur passive visionenhafte Schauen flüchtiger und zusammenhangloser Erscheinungen.« Wie würde er sich wohl erst über die heutigen Reisegeschwindigkeiten äußern?

Auch ansonsten hatte sich hier einiges geändert. Die »großartigste Trümmergruppe des griechischen Altertums«, in der Mitte des Jahrhunderts noch von Myrten und Fächerpalmen überwuchert, vermochte die Phantasie des Betrachters noch zu beflügeln. Doch nun: »Statt der vom Pflanzenwuchs umschlungenen Steinblöcke gestürzter Tempel, deren tragischen Untergang die Natur selbst zu sühnen schien, indem sie diese zerstörte Pracht unter Blumen bestattete, sieht jetzt der zu künstlerischen oder dichterischen Empfindungen geneigte Wanderer mit Unwillen nur kahle, sorgsam gereinigte Architrave, Metopen, Triglyphen, Säulenstücke auf nacktem Erdboden gruppenweise hingelagert, und es fehlen nur die Nummern oder Aufschriften auf den Blöcken, um ihm darzutun, daß er Gegenstände eines wohlgeordneten archäologischen Museums vor sich habe.«

Im Tempelbezirk von Selinunt

Heute ist wieder alles anders. Die Ausgrabungen sind beendet, die Fundamente freigelegt, der Tempel der Hera (E) wurde sogar rekonstruiert. Ein künstlicher Wall bezeichnet den Beginn der archäologischen Zone. Ihn durchschreitend, sehe ich: den großen Heratempel, rechts davon die Trümmergrundstücke »F« und »G«. Die drei dorischen Tempel entstanden um die Mitte des fünften vorchristlichen Jahrhunderts und bildeten einen eigenen kultischen Bereich. Weithin sichtbar erhoben sie sich über Land und Meer. Ich umlaufe den Tempel, dessen wahre Größe mir erst in seiner unmittelbaren Nähe bewußt wird. In über zehn Metern Höhe schmückten einst zwölf Metopen den Fries. Einige davon sind im Museum von Palermo zu sehen: Sie stellen Szenen aus der Mythologie dar, darunter die Hochzeit der Hera und des Zeus auf dem Berg Ida – ein Indiz für die These, die das Heiligtum der Hera zuschreibt. War der Tempel der Göttermutter schon groß – etwa 25 mal 68 Meter –, so mußte ihn jener des Göttervaters an Monumentalität natürlich noch übertreffen: Es ist der Tempel »G«, ein Trümmerfeld aus gigantischen Steinblöcken, die ziemlich genau die Grundrisse des ehemaligen Bauwerks bedecken: nämlich eine Fläche von ungefähr 55 mal 113 Metern. Eine einzelne Säule ragt einsam empor. Die lange Bauzeit des Zeustempels führte dazu, daß er im archaischen Stil begonnen und im klassischen beendet wurde –

falls es je dazu kam. Wie der Zeustempel von Agrigent blieb auch er wahrscheinlich ohne Dach. Die beiden Zeustempel waren übrigens die größten überhaupt in der gesamten hellenischen Welt!

Die Akropolis

Südwestlich, jenseits des kleinen Tals, in das seinerzeit die Bucht des Hafens hineinreichte, liegt die ehemalige Akropolis. Um das Jahr 650 vor Christi Geburt haben hier die Siedler aus Megaron angelegt. Und sie machten sich sofort ans Werk. Nur etwa 40 Meter über dem glitzernden Meeresspiegel errichteten sie ihre Altäre, Tempel und Wohnhäuser, die sich in engen Gassen aneinanderschmiegten. Die Fundamente sind freigelegt und lassen eines der frühesten Beispiele einer systematischen Stadtplanung erkennen, die zwei Hauptachsen zum Ausgangspunkt hat. In die kleinen Häuschen kann man regelrecht »eintreten« und zum Beispiel eine 2500 Jahre alte Sitzbadewanne aus Terrakotta entdecken.

Der Tempelbereich liegt im Südosten der Anhöhe und nimmt gut ein Drittel des Terrains ein. Hier standen die Tempel A, B, C, D und O hintereinander.

Das älteste Heiligtum von Selinunt ist der C-Tempel aus dem frühen sechsten vorchristlichen Jahrhundert. Eine aufrechte Säulenreihe vermittelt einen Eindruck von der Erhabenheit des Bauwerks. Die Skulpturen seiner Metopen, die ebenfalls im Museum von Palermo zu sehen sind, unterscheiden sich stark von der ausgereiften, realistischeren Plastik des Heratempels aus dem späteren Jahrhundert. Hier stellen statische Figuren im ägyptischen Stil den Perseus dar, wie er der schrecklichen Medusa den Kopf abtrennt, oder den Helden Herakles, der zwei Räuber mit den Köpfen nach unten hält. Solche drastischen Bilder halfen den Griechen, ihr Leben zu verstehen und zu meistern. Es sind Metaphern von Gut und Böse, vom Schicksal, dem nicht zu entkommen, das aber zu beschwören war. Naturerscheinungen als Ausdruck göttlicher Stimmungen. Der Mensch, hilflos den Göttern ausgeliefert und ihnen dabei doch sehr nahe …

Demeter und Hekate: Leben und Tod

Selinunt liegt in einer Landschaft, die einen längeren Aufenthalt verdient. Ein kurzer Besuch reicht nicht. Über die weiten Felder muß man streifen, zu den Nekropolen im Norden und Westen; zur gegenüberliegenden nördlichen Anhöhe, auf der sich die »spätere« Stadt befand; schließlich zum Heiligtum der Demeter in knapp einem Kilometer Entfernung im Tal des Flüßchens Selinus.

Die erste Kultstätte in Selinunt

Der heilige Bezirk des »Santuario di Gaggera« wurde erst gegen Ende des letzten Jahrhunderts wiederentdeckt – und dabei war es die erste Kultstätte, welche die Griechen unmittelbar nach ihrer Ankunft in Selinunt errichtet hatten. Sie entschieden sich dabei nicht für die Höhe, sondern für das Tal – die Verbindung zum »Unten« betonten sie noch durch einen Brunnen, den sie im Innern des ummauerten Bereichs in die Erde gruben.

Das Heiligtum war der Demeter Malophoros geweiht, der Demeter als »früchtetragender« Gottheit, von der verschiedene Weihestatuen und Statuetten gefunden wurden.

Der Komplex selbst ist ein »primitives« Megaron, der noch in der steinzeitlichen Tradition der frühen Sakralstätten Osteuropas steht, aus denen sich erst allmählich die Tempelkultur entwickelte:

Der trapezförmige sakrale Bereich ist etwa 50 mal 60 Meter groß und war seinerzeit von massiven Mauern umschlossen, deren Fundamente nun freigelegt und leicht zu überwinden sind. Das Innere umschloß neben dem Tempel der Demeter auch das Heiligtum der Hekate, der Göttin der Unterwelt. Derselben war vermutlich auch der große steinerne Altar geweiht, denn ihr wurde üblicherweise mit Blutopfern gehuldigt. Aller Wahrscheinlichkeit sind an diesem Ort in früher Zeit die Toten bestattet beziehungsweise verbrannt worden. Wo wären diese besser aufgehoben gewesen als in unmittelbarer Nähe jener Göttin der Erde, der Fruchtbarkeit, die den ewig wiederkehrenden Zyklus der Natur in Bewegung hielt, die Leben und Sterben ermöglichte?

Das, was vom Megaron, dem heiligen Bereich der Demeter, übriggeblieben ist, genügt, um den Unterschied zum ausgefeilten und mathematisch genauen Baustil der dorischen Tempel auf der Anhöhe deutlich zu machen. In gewisser Weise ist das Megaron ein Bindeglied zwischen den archaischen Kultstätten der Mutter-Erde-Gottheiten und dem »modernen« griechischen Tempelbau, der den einzelnen Götterpersönlichkeiten des Olymps gewidmet war. Und gerade deswegen eignet ihm vielleicht eine so einzigartige Ausstrahlung, die noch eher von unten, aus der Erde kommt und eben auf die uralten Muttergottheiten zurückverweist, die mit ihr noch eins waren. Welch Unterschied zu den himmelwärts strebenden Tempelanlagen des Zeus!

Apulien

Der Gargano

Wenn Apulien als Ferse und Absatz des italienischen Stiefels angesehen werden kann, dann ist der Gargano sein Sporn. Von Foggia aus, in der weiten und fruchtbaren Tavoliere-Ebene gelegen, dauert die Fahrt Richtung Osten nicht mehr lange, bis man die Bergsilhouette der Halbinsel vor sich aufragen sieht. Es ist eine außergewöhnliche Hügel- und Berglandschaft, die mit dem sonst so weiten und flachen Apulien nicht viel gemein hat. Vor Urzeiten war der Gargano – wie ganz Apulien – mit dem gegenüberliegenden Balkan verbunden. In vorgeschichtlicher Zeit lebten hier bereits Menschen: Weiter südlich in der Ebene, bei Bisceglie, haben sie zahlreiche Dolmen zurückgelassen, und menschliche Knochenfunde belegen die Besiedlung des Landes zu Zeiten der Neandertaler, vor etwa 80 000 Jahren. Im Gebirge hingegen verweisen viele Grotten auf heidnische Kulte und, in den darauffolgenden Jahrhunderten, auf übernatürliche Erscheinungen und Offenbarungen der christlichen Religion. Dies gilt für den Beginn unserer Zeitrechnung bis hinein in die aktuelle Gegenwart, wie wir noch sehen werden. Der Gargano – das ist an erster Stelle Pilgerland.

Uraltes Siedlungsland

Kurvenreich schlängelt sich die Straße von Mattinata aus hinauf nach Monte Sant'Angelo, dem Hauptort der Halbinsel, die 65 Kilometer weit ins Meer hineinragt. Der Blick fällt hinunter auf den flachen

Küstenstreifen im Süden, zerfurcht von Salinen und unzähligen kleinen Gemüsegärten der Küstenbewohner.

Die geologische Besonderheit des Gargano hat das Leben und die Kultur seiner Bewohner seit jeher ausgezeichnet und geprägt. Nirgendwo sonst im fruchtbaren Süden mußte den steilen und schroffen Hängen hoher Berge der Boden Meter um Meter abgerungen werden. Auf schmalen und schmalsten Terrassen, mit Trockenmauern aus dem grauen Felsgestein der Berge eingefaßt, wurden Reben gesetzt, Mandelbäume und Oliven gepflanzt. Ein hoher Preis für eine mühsame Ernte, den heute kaum noch jemand zahlen will. So ist manche Terrasse inzwischen talwärts gerutscht, jeder Regenguß fordert einen neuen Tribut.

Monte Sant'Angelo

Von Monte Sant'Angelo auf 850 Meter Höhe werden zunächst die Erdlöcher unterhalb der Stadt sichtbar: Höhlen, in denen heute landwirtschaftliche Werkzeuge gelagert werden, die aber einstmals sicher als Behausungen dienten. Darüber dann strahlen die dicht bei dicht gemauerten »überirdischen« Häuschen leuchtend weiß in der Sonne.

Oben angelangt, streiten sich zwei kleine Jungen auf dem Parkplatz um das Privileg, die abgestellten Autos bewachen zu dürfen. Sie wissen, daß sich die Touristen im südlichen Italien Sorgen um ihr Eigentum machen, wenngleich derartige Befürchtungen hier auch relativ unbegründet erscheinen.

Zu Fuß mache ich mich auf den Weg in die Stadt, die eine der kostbarsten Wallfahrtsstätten des Christentums birgt. Das einzige Heiligtum, das nicht durch kirchliche Vermittlung, sondern direkt auf

Höhlenwohnungen von Monte Sant'Angelo

Geheiß eines Engels geweiht wurde, liegt im Zentrum von Monte Sant'Angelo. Alle Wege führen zu ihm hin.

Davor erhebt sich schwer der achteckige Glockenturm aus dem 14. Jahrhundert, der einer der Ecktürme des Castel del Monte sein könnte. Zu seiner Seite betritt man den eingezäunten Bereich der Wallfahrtsstätte, den Vorplatz der Basilika, deren Fassade aus dem letzten Jahrhundert stammt und nicht unbedingt vermuten läßt, was sich hinter und unter ihren klaren Formen verbirgt. Nur die Statue des Erzengels Michael in der Mitte des dreieckigen Giebels weist auf den Patron des Ortes hin. Seit dem Jahr 1395 gelangt man in das Heiligtum durch das rechte Portal. Dahinter verbirgt sich kein Kirchenschiff, sondern ein langer und breiter steinerner Treppenabgang, der tief hinabführt. Auf halbem Weg leuchtet eine marmorne Madonna vom Sarkophag einer längst verblichenen Persönlichkeit aus dem 15. Jahrhundert. Fotografieren ist streng verboten, Monitore überwachen die Schritte der Pilger. Wenige sind es an diesem Frühjahrstag, fast bin ich allein. An den Feiertagen des Erzengels allerdings, am 8. Mai und am 29. September, mag es hier kein Durchkommen geben. Am Fuße der Treppe, die Karl von Anjou im 13. Jahrhundert hat in den Stein schlagen lassen, trete ich wieder ans Tageslicht.

Das »untere Atrium« ist eng und zugleich der Vorplatz des eigentlichen Heiligtums, der Grotte des Erzengels, die sich hinter den schweren bronzenen Türen aus dem 11. Jahrhundert verbirgt. Die Portale als Kunstwerke: Auf den je zwölf Tafeln haben byzantinische Meister in feiner silberner Einlegearbeit verschiedene Szenen aus dem Alten und Neuen Testament dargestellt. Immer sind Engel die Protagonisten. Da ist zunächst einmal der Erzengel Michael

Eingang zum Heiligtum von Monte Sant'Angelo

selbst zu sehen, wie er den Drachen und mit ihm das Böse bezwungen hat. Die Engel sind als rechter Arm Gottes unmittelbare Ausführende seiner Befehle: Sie schützen die Begnadeten, verkünden himmlische Botschaften, bestrafen die Sünder. Mal retten sie drei Knaben vor der Feuersbrunst, verhindern das blutige Kindsopfer des Abraham, verkünden den Hirten die Geburt Jesu und später seine Auferstehung. Die letzte Tafel auf der linken Seite zeigt die Vertreibung aus dem Paradies. Aus der achten, neunten und zehnten Tafel des rechten Portals sind die drei ersten Erscheinungen des Erzengels Michael in Monte Sant'Angelo zu sehen.

Das Portal als Schwelle zum Heiligtum, als Barriere zwischen zwei Welten: Als der heilige Franziskus im Jahr 1216 aus Assisi hierher kam, hielt er vor dem Portal inne. Er war auf den Gargano gepilgert, um vom Erzengel die Vergebung seiner Sünden zu erflehen, und nun wagte er nicht, dessen Grotte zu betreten. Zu groß war seine Ehrfurcht vor dem Ort, den der Engel selbst geweiht hatte. Francesco kniete vor dem Portal nieder, küßte die Schwelle und ritzte ein griechisches Kreuz, das Siegel der Rettung der Auserwählten, in den Stein. Das Exemplar von heute an derselben Stelle ist neueren Datums. Das Original, das von den Gläubigen hoch verehrt wurde, haben die napoleonischen Truppen im Jahr 1799 während ihrer allgemeinen kirchlichen Plünderungen zerstört.

Die Grottenbasilika

An den Aufenthalt des Bettelbruders erinnert der rechte Seitenaltar, der Franziskus direkt hinter dem Portal errichtet wurde. Die Basilika von San Michele ist gewiß eine der sonderbarsten und beeindruckendsten Kirchen überhaupt: zur Hälfte unter, zur Hälfte über der Erde, halb von Menschenhand, halb von göttlicher Natur geschaffen. Das gotische Kirchenschiff, das vor die Grotte des Engels gebaut wurde, stammt aus dem 13. Jahrhundert. Seine hochstrebenden Bogen stehen in krassem Widerspruch zur tief hängenden Decke der »Grotte der Erscheinungen«, die als rechtes Seitenschiff in den Kirchenbau integriert wurde.

Hier also hatte sich der Engel im Jahr 490 zum erstenmal gezeigt: Auf dem Monte Gargano lebte seinerzeit ein Adliger namens Elvio Emanuele, der eine große Herde Rinder besaß. Eines Tages war der prächtigste seiner Stiere verschwunden. Nach langem Suchen fand man ihn, wie er an einem schroffen Hang vor einer Grotte niederkniete. Da es keinen anderen Weg gab, an ihn heranzukommen, schoß man mit einem Pfeil auf ihn. Und da geschah das Wunder: Der Pfeil prallte ab, wendete sich und traf seinen Schützen.

»Die Höhle ist mein Heiligtum«

Kaum hatte der damalige Bischof Lorenzo vom Wunder erfahren, ordnete er eine dreitägige Bet- und Fastenzeit an; am dritten Tag offenbarte sich ihm der Engel und sprach: »Ich bin der Erzengel Michael, ich schaue immer in das Angesicht Gottes. Diese Höhle habe ich als mein Heiligtum auserwählt. Ich selbst will ihr Wächter sein. Dort, wo sich der Fels öffnet, sollen die Sünden der Menschen vergeben werden, und alles, was hier im Gebet erfleht wird, soll erhört werden. Gehe deshalb auf den Berg und übergebe die Höhle dem christlichen Kult.«

Die Grotte aber war seit Urzeiten Ort heidnischer Rituale, weshalb es dem Bischof nicht so ohne weiteres gelang, sie der katholischen Religion zu weihen. Da erschien ihm zwei Jahre später der Erzengel abermals, wieder nach einer dreitägigen Bet- und Fastenphase: Er half den christlichen Bürgern von Siponto, deren Stadt von den heidnischen Truppen des Odoaker belagert wurde, indem er ein heftiges Unwetter sandte, das den Gegner zum Rückzug zwang. Als Dank führte der Bischof eine lange Prozession auf den Berg von Sant'Angelo, vor die Grotte des Engels. Doch noch immer zögerte er, einzutreten. Erst im darauffolgenden Jahr wollte er den heiligen Ort offiziell zur Kirche weihen.

Das Wunder in der Grotte

Da griff der Engel ein drittes Mal ein, diesmal um den geistlichen Eifer zu bremsen: »Es ist nicht notwendig«, so sprach er, »die Grotte zu weihen. Ich selbst habe sie bereits durch meine Anwesenheit geweiht. Ihr braucht nur einzutreten und das heilige Meßopfer zu feiern; die Höhle ist bereits geweiht.« Und tatsächlich – als der Bischof und seine Begleiter sich endlich ins Innere wagten, fanden sie dort einen Altar mit einem kristallenen Kreuz; zudem hatte der Engel seinen kindlichen Fußabdruck im Stein hinterlassen.

Neun Jahrhunderte brachen an und gingen zur Neige, die Grotte des Erzengels blieb ein fester Bezugspunkt für die Gläubigen von nah und fern. Daß der Erzengel nach wie vor an diesem Ort wachte, hatte er immer wieder durch wunderbare Heilungen und seelischen Beistand, der den Betenden in seiner Höhle zuteil wurde, bewiesen. Im Jahr 1656 erschien er dann sogar ein weiteres Mal, um der damals grassierenden Pest Einhalt zu gebieten. Wer den Fels seiner Grotte berühre, so sprach Michael, werde geheilt. Das Volk strömte in Scharen herbei, die rettenden Steine zu betasten oder sogar mitzunehmen. Die Epidemie verebbte.

Während ich noch vergeblich mit einem der alten Benediktinermönche um eine Fotografiererlaubnis verhandle, hat sich das Kircheninnere gefüllt. Die Bänke sind zur Grotte und zum Altar des Engels hin ausgerichtet; unter dem Hochaltar nimmt einer der Mönche Platz, um, wie sich bald zeigen wird, Beichten abzunehmen und Bußen aufzuerlegen. Ein jun-

Michaelsstatue

ger, energischer Priester spricht von der besonderen Gnade, die Gott uns durch diesen Ort beschert hat; von unserer Verpflichtung, Gutes zu tun und unser Leben nicht dem Anhäufen irdischen Besitzes zu widmen. Die Messe ist ausschließlich von Einheimischen besucht, jungen und mehr noch alten, mit wettergegerbten Gesichtern. Was für Sünden bedrücken wohl diese betagten Menschen, die nacheinander mit krummem Gang zum Beichtstuhl schlurfen? Entschieden weist der Mönch Geldscheine zurück, die ihm ein Greis nach der Beichte zustecken will. Der Korb, der indes durch die Reihen wandert, quillt allerdings über, und nicht nur von Kleingeld. Nach der Kommunion, an der ausnahmslos alle Anwesenden teilhaben, erschallen die speziellen Gesänge und Bittgebete an den Erzengel Michael: ». . . daß wir gerettet werden beim Jüngsten Gericht, daß wir von der Flamme der Barmherzigkeit erleuchtet werden, daß wir den Weg der Sünden verlassen können, daß wir Herz und Geist freihalten für echte Demut; daß wir den Verführungen des Dämons widerstehen ...«

Die letzte Bitte ist hier, in der Höhle des Erzengels, von besonderer Bedeutung: Um das Böse, den Teufel und seine Versuchungen, zu vertreiben, erweist sich dieser Ort als genau richtig. Eine kleine, leuchtendgelbe Broschüre mit dem Titel Esorcismo liegt auf dem Büchertisch vor dem gegenüberliegenden Museum für 500 Lire zum Verkauf. In ihr lassen sich die beschwörenden Worte finden: »Erinnere dich: Christus hat mit seinem Tod und durch seine Auferstehung das Böse bezwungen. Du gehörst Christus an und nicht dem Satan. Der Exorzismus ist ein Gebet gegen Satan. Er hilft, wenn du einen brennenden Glauben und eine reuigen Geist hast. Der Erzengel Michael tritt für dich vor dem Allerhöchsten ein und unterstützt dich im Kampf gegen das Böse.« Es folgen endlose Listen von Anrufungen.

Christliche Beschwörungen

Doch nicht nur der Erzengel kann zur Bekämpfung des Teufels angerufen werden, nutzbringend ist auch die Formel des heiligen Benedikts: V.R.S.N.S.M.V.S.M.Q.L.I.V.B: »Vade retro satana, numquam suade mihi vana; sunt mala quae libas; ipse venenum bibas.« – Weiche zurück, Satan, niemals wirst du mich mit eitlen Dingen überzeugen; was du ausschenkst, ist Schlechtes, trinke du selbst das Gift.

Eine weitere Besonderheit des Kults um den Erzengel Michael ist die Corona Angelica, der Gebetskranz der Engel. Er besteht aus neun Abschnitten, jeweils einem Kügelchen für das Vater-Unser, gefolgt von je drei kleineren Kügelchen für das Ave Maria. Die neun Teile erinnern an die himmlischen Chöre der Engel. Der Erzengel selbst hat diese Form des Gebets gewollt und sie dereinst einer Auserwählten mit Namen Antonia de Astonac offenbart: Wer den Kranz vor der heiligen Kommunion bete, werde von einem der Engel persönlich zum göttlichen Mahl geleitet, versprach der Erzengel. Wer ihn aber jeden Tag bete, könne ein ganzes Leben lang auf den Schutz der Engel hoffen und sogar noch darüber hinaus, beim letzten Gang, der zum Jüngsten Gericht führt.

Der Bezwinger des Satans

Die Blicke ruhen auf der Figur des Erzengels, der sein Schwert erhoben hat im Kampf gegen das widerliche Teufelswesen, das sich unter seinem Fuß krümmt. Es ist bereits besiegt. Milde blickt der Engel herab, in leichter, fast schwebender Haltung. Die schwere Goldkrone und all der Schmuck, der ihm nachträglich angelegt wurde, scheinen ihn nicht weiter zu stören. Sein Schwert jedoch hält er fest in der Hand. An bestimmten Feiertagen wird es in einem Prozessionszug durch die Stadt geführt. Die genaue Uhrzeit kann niemand wissen, denn sie richtet sich danach, wann der Erzengel die Waffe freigibt. Die Statue ist eine Arbeit des Meisters Contucci aus dem Jahr 1507.

Der Pfarrer erteilt den Segen, die Gläubigen könnten nun nach Hause gehen, doch sie begeben sich wie in einem vorgeschriebenen Prozessionszug auf den kurzen Gang, der hinter den Altar des Engels führt. In die rohen Felswände sind verschiedene Nischen eingelassen, in jeder gibt es etwas zu betrachten, zu bestaunen oder anzubeten. Die schlichten Skulpturen sprechen die einfache, klare Sprache des Mittelalters. Besonders in der Madonna von Konstantinopel mit ihrer fülligen Weiblichkeit schimmert noch ganz die archaische Muttergöttin, die Große Mutter durch. Wie weit ist diese Darstellung noch von der der körperlosen »reinen« Magd des Herrn entfernt! Vielleicht knüpft gerade diese Statue an die vorchristlichen Kulte in der Grotte an, schlägt sie die Brücke von einem uralten Grottenkult der Fruchtbarkeit zu dem des Erzengels.

Daß Grotten im allgemeinen Orte von Fruchtbarkeitsritualen waren, ist bekannt – das Erdinnere symbolisiert den Schoß, aus dem alles hervorgeht. Dazu kommt hier, in der Grotte des Erzengels, ein weiteres Indiz: das Wasser, das in die Höhle dringt – der Samen, der den weiblichen Schoß befruchtet. Die Maserung der Höhlendecke zeigt, daß hier seit Jahrtausenden das Tropfwasser rann. Bis vor wenigen Jahren noch wurde es in Bahnen geleitet und hinter dem Altar, bei der Felshöhlung des »Brünnchens«, aufgefangen. Die Michaelsstatue, die in der kleinen

Eingang zur Grotte – unteres Atrium

Nische steht, zeigt den Engel als Kind. Gleichsam spielerisch scheint er den Drachen zu seinen Füßen bezwungen zu haben: Sieg der Unschuld über das Böse; ein Werk aus dem 15. Jahrhundert. Die Nische ist zwar noch immer feucht, und noch immer werden Münzen hineingeworfen, aber der Großteil des Wassers wird heute nach außen geleitet.

»Höhle der Steine«, Krypta und Museum

Die Gittertür neben dem steinernen Relief des Apostels Matthäus versperrt die »Höhle der Steine«. Sie entstand im Laufe der Jahrhunderte durch den Abtransport unzähliger Steine und Felsfragmente, die sich die Gläubigen hier holen durften. Bis heute schützt ein Stein aus der Höhle des Erzengels manch ein Haus und seine Bewohner. In den sechziger Jahren wurde die Höhle zum Notausgang umgebaut und ist nun den Gläubigen nicht mehr zugänglich.

Auch die unter der heutigen Kirche befindliche Krypta bleibt mir leider verschlossen. Sie diente den frühen Pilgern bis zum Kirchenbau im 13. Jahrhundert als Ort der Messe. Im 17. Jahrhundert wurde die Krypta als Beinhaus genutzt und in späterer Zeit dann zugemauert und vergessen. Erst im Jahr 1974 ist sie wiederentdeckt worden. Inzwischen muß sie als eine Art Museum fungieren, in dem frühe Skulpturen, Sarkophage und andere Fundstücke ausgestellt sind – zur Besichtigung nicht freigegeben.

Gegen einen geringen Eintritt darf man sich jedoch die Sammlung der Exvotos ansehen. Die Gaben, die dem Erzengel im Laufe der letzten Jahrhunderte als Dank für erhörte Bitten oder erwiesene Gnade dargebracht wurden, sind in den engen Gängen des Museums gegenüber dem unteren Atrium ausgestellt. Sie sprechen Bände, denn jedes Bild handelt von einer Geschichte: vom Kind, das vom Pferd und auf den Kopf fiel, und dennoch mit einer leichten Gehirnerschütterung davonkam; vom jungen Mann, der unter die Räder eines Omnibusses geriet, etliche Meter mitgeschleift wurde und auf wunderbare Weise wieder freikam und überlebte; von der Frau, die im letzten Moment das brennende Haus verlassen konnte. Es ist jedesmal Glück im Unglück im Spiel, den Gläubigen ein Beweis für das Wirken des Erzengels, der vor allem auf die Kinder ein wachendes Auge hält. Und wissen wir nicht alle, daß Kinder einen besonderen Schutzengel haben? Hier auf dem Gargano ist er präsent, konkret und mit Namen zu benennen: Die Menschen leben mit ihm, er lebt mit ihnen, bestimmt ihre Schicksale – seit anderthalb Jahrtausenden.

San Giovanni Rotondo

Die Anwesenheit des Erzengels Michael auf dem Gargano hat viele Gläubige angezogen und inspiriert, ihnen den Geist und die Kraft des Göttlichen verliehen. Und so nimmt es nicht wunder, daß es auf der Halbinsel mehrere kleine Wallfahrtsstätten gibt: Klöster, Kirchen und Höhlen, in denen sich über Jahrhunderte hinweg Eremiten einem gottesfürchtigen Leben gewidmet haben.

Ein Heiliger unserer Tage

Aus dem alten Franziskanerkonvent San Giovanni Rotondo ist zuletzt in unserem Jahrhundert ein neuer Heiliger hervorgegangen: Padre Pio aus Pietrelcina. In San Giovanni Rotondo, etwa 20 Kilometer westlich Monte Sant'Angelos, liegt in wilder Natur das weite und moderne Zentrum seiner Verehrung. Es ist eine für italienische Verhältnisse ungewohnt neue Stadt, die sich erst in den vergangenen Jahrzehnten um den kleinen Konvent und die Person des Padre Pio herum entwickelt hat. Pensionen, Bars, Restaurants reihen sich in der geraden Hauptstraße aneinander. Auf dem weiten Parkplatz unterhalb der Kirche ist nur mit Glück und viel Geschick

Nur die Säule ist alt: San Giovanni Rotondo

eine Lücke zu finden. Rechter Hand erstreckt sich fast endlos die weiße Fassade der »Casa Sollievo della Sofferenza«, des »Hauses der Leidenserleichterung«, einer riesigen Heilanstalt, in der unzählige Schwer- und Schwerstkranke, wenn nicht auf Genesung, so doch auf Linderung ihrer schlimmen Beschwerden hoffen.

Das Charisma des Padre Pio hat seinen Träger überlebt. Wie zu seinen Lebzeiten finden die Gläubigen in seiner Nähe Trost und Rettung. In seinem Sanatorium arbeiten christliche Ärzte und Pfleger aus aller Welt, speziell aus der dritten. Sie tun genau das, was die einzige Möglichkeit sinnvoller Heilung ist (und was die allgemeinen Krankenhäuser nach wie vor verweigern): Sie therapieren nicht nur den Körper, sondern auch den Geist ihrer Patienten und erzielen damit großartige Erfolge. Dies alles geschieht in der klaren Luft von fast 1000 Meter Höhe, in einer Landschaft, die von Umweltverschmutzung noch nicht viel wissen kann.

Wunder vor aller Augen

Die Atmosphäre dieses modernen Wallfahrtszentrums hat mit der von Monte Sant'Angelo nichts gemein – im Gegenteil: Die überschaubare Klarheit ihrer sterilen Formen, ihre städtebauliche und monumentale Struktur, die auf Massenzulauf zielt, scheinen einer Annäherung an das Göttliche, die ja immer individuell sein muß, eher zu widersprechen. San Giovanni Rotondo läßt keinen Raum für das Geheimnis. Hier geschehen die Wunder im hellen Tageslicht, vor den Augen aller – Genesungen, die niemand vermutet hätte, oder einfache Mirakel wie jenes, das gerade am Vortag meines Besuchs in der Grabkammer des Padre Pio geschehen sein soll: Ein Spiegel zersprang und fügte sich wieder zusammen, einfach so. Die es mit eigenen Augen gesehen haben, wundern sich nicht weiter.

Schließlich war das Auserwähltsein des Padre Pio ebenso eindeutig und unzweifelhaft: Trug er doch, für jedermann sichtbar, die christlichen Wundmale an Händen und Füßen.

Castel del Monte

Grün, blau, grau: grün das weite, sanft geschwungene Weideland mit seinen alten Olivenbäumen; blau der Himmel und das Meer; grau der Stein, der, zu losen Mauern aufeinandergeschichtet, die Wiesen begrenzt und die Straße flankiert, die mich zum Kastell bringen soll.

Die Fahrt durch die Peripherie von Andria – der Stadt, die dem Kastell am nächsten ist – trägt nicht gerade zur Einstimmung bei. Nachlässig aus dem Boden gestampfte Wohnhäuser, eng aneinandergereiht, Autochaos auf den Straßen, kein Baum kilometerweit. Die Ausschilderung ist schlecht, die Orientierung fällt schwer.

Land mit einem einzigartigen Licht

Doch nun bin ich also auf dem richtigen Weg, und kaum liegt die Stadt hinter mir, umfängt mich wieder das reine apulische Land mit seinem so einzigartigen Licht, auf dessen magische Wirkung mich mein literarischer Reisebegleiter Gregorovius vorbereitet hatte: »Es ist eine rechte Wonne, diese apulische Wildnis zu durchreiten, die balsamischen vom Blumenduft gewürzten Mailüfte einzuatmen, das tiefblaue Meer drüben strahlen zu sehen und den ätherischen Himmel, welcher Land und Meer verschlingt... Das Licht des Himmels berauscht die Seele wie Trank perlenden Weins: man schlürft und atmet es gierig ein; es zehrt die Nebel im Gemüt auf, jene giftigen Dünste, welche in den Nordlandmenschen grundlose Stimmungen erzeugen, Qualen der Einbildung, den Spleen und den Weltschmerz und den verzweifelten Humor. Das Licht ist Freude, es entfesselt die Seele, und es setzt sie unmittelbar in Verbindung mit dem Universum, wie die Musik.«

Kein Wunder, daß Friedrich dieses Land als seine Heimat auserwählte und sich hier mit dem Castel del Monte sein gewaltigstes Denkmal setzte.

Noch eine Kurve, und da taucht es auch schon auf. Durch seine große und gleichmäßige Form beeindruckt das Castel del Monte schon aus weiter Ferne. Das Massiv des Achtecks läßt eher an eine moderne Wohnanlage denken als an eine mittelalterliche Burg. Der *Monte* indes wirkt eher bescheiden, als sei er

Castel del Monte

nicht mehr als ein bloßes bauliches Fundament: Hügel und Burg bilden eine ungewöhnliche, harmonische Einheit.

Nun verliere ich das Kastell nicht mehr aus dem Blick. Als ich die letzte Auffahrt genommen habe und sich die Burg endlich direkt vor mir präsentiert, erinnert sie mich an gar nichts mehr, was mir je vor Augen kam. Oder an vieles zugleich: Die weiten, trutzigen Fassaden werden nur durch die zierlich umrahmten Fenster und das antik anmutende Portal unterbrochen. Abweisend wirkt das Kastell und einladend zugleich. Die Neugier auf das Innere wächst.

Auf dem Parkplatz wimmelt es von Kindern und Jugendlichen, die sich lärmend um die unvermeidlichen Souvenirbuden scharen. Unsinnigerweise avancierte das Castel del Monte seit seiner Restaurierung zum beliebten Ziel für Schulausflüge. Mein

Ärger war jedoch voreilig: Im Innern der dicken Mauern bin ich dann fast allein – und ein wenig hilflos. Jeder Raum gleicht dem nächsten, jedes der schönen großen Fenster umfaßt die weite Landschaft wie ein Rahmen oder öffnet sich zum achteckigen Innenhof, der Ausblick ist immer der gleiche. Was sich ändert, sind der Lichteinfall, die Himmelsrichtungen.

In den Räumen des Kastells

Und natürlich gibt es Unterschiede in den Details. Manche Räume sind durch schlanke weiß-rote Marmorsäulen, die in Dreiergrüppchen zusammenstehen, verziert; manche haben Kamine, einige Turmräume wurden sogar mit steinernen Toiletten ausgestattet. Zur Ausschmückung der Türen und Fensternischen bediente man sich eines merkwürdigen Materials: Korallschotter aus dem nahen Flüßchen Murge, zusammengehalten von der roten Erde Apuliens. Und irgendwann, im achten Raum, heißt es: umkehren. Zwar führt eine steile Wendeltreppe nach oben, doch auch hier bleibt nur der Rückweg. Die Pracht der Ausstattung früherer Zeiten läßt sich lediglich erahnen – Reste von Mosaikböden, zerbröselte Skulpturen und Kapitelle, ein Stück der marmornen Verkleidung hier und da. Wenig, aber es genügt, erst recht, wenn die Sonne durch eines der Fenster tritt, den Raum mit goldenem Licht erfüllt und das Muster der Rosette auf den Fußboden malt.

Die acht Türme, achteckig auch sie, sind wegen Restaurierungsarbeiten leider gesperrt. Von den Dachterrassen muß der Blick überwältigend sein. Besonders gerne hätte ich den »Turm des Falkners« bestiegen, in dem junge Falken nach den Regeln des Kaisers aufgezogen und abgerichtet wurden – ein dunkler Raum diente wahrscheinlich als künstliches Nest, und von der angrenzenden Dachterrasse konnten die Tiere ihre ersten Flugversuche unternehmen. Ferdinand Gregorovius, der das Kastell vor über hundert Jahren, noch vor seiner Restaurierung, besucht hat, fand hier in einer Fensterscharte »drei rosenrote Vogeleier, größer als solche einer Taube. Sie lagen frei auf dem nackten Stein nebeneinander, und von einem Nest war nichts zu sehen. Dieser Fund machte mir große Freude: es waren Falkeneier. Der Raubvogel, welcher sie hier niedergelegt hatte, stammte unzweifelhaft in gerader Linie von einem Edelfalken Friedrichs II. Wer das nicht für wahr hält, versuche einmal, meinen Irrtum nachzuweisen.«

Vom Jagdschloß zur Touristenattraktion

Ob Friedrich II. tatsächlich noch in den Genuß seines Kastells, das ihm zugleich auch Jagdschloß – und, wie wir noch sehen werden, anderes mehr – sein sollte, gekommen ist, weiß man nicht. Eines steht fest: Das Kastell war sein letzter Entwurf und die Krönung einer langen Reihe kaiserlicher Bauten, die sich besonders durch ihre klaren Linien und geometrischen Formen auszeichnen. Fortwährend hatte er in seinem Reich bauen lassen: Burgen, Festungen, Jagdschlösser – keine Kirchen. Daß die Fertigstellung des Castel del Monte in der Mitte des 13. Jahrhunderts mit dem Zeitpunkt des Todes seines Auftraggebers zusammenfällt, unterstreicht noch seinen Charakter als kaiserliches »Vermächtnis«.

Die einzigen Menschen, die mit Sicherheit hier gelebt haben und deren Geschichte die dicken Mauern beseelt hat, waren die drei Enkel Friedrichs, die Söhne seines Sohnes Manfred. Nur, »gelebt« ist fast schon zuviel gesagt. In irgendeinem dieser Räume müssen sie, zeitlebens in Ketten gelegt, ihr entsetzliches Dasein gefristet haben. So wurde das Castel del Monte zum Kerker für die Nachkommen seines Erbauers. Später dann zur Zuflucht in Zeiten der Pest, zur Unterkunft für Hirten, zum Versteck für Räuber und Briganten und schließlich, heute, zum Ziel von Touristen und Klassenausflügen.

Niemals, so scheint es, hat es je seiner wahren Bestimmung gedient. Doch was war seine »wahre« Bestimmung? Jagd- und Vergnügungsschloß des Kaisers? Befestigungswerk zur Verteidigung des Landes?

Diese beiden widersprüchlichen Definitionen sind in den Büchern zu finden, und jede von ihnen klingt zwar einleuchtend, kann aber bei näherer Betrachtung nicht genügen.

Natürlich hätte Friedrich II. in dieser ehemals wald- und wildreichen Gegend seiner Leidenschaft, der Falknerei, bestens frönen können. Die aufwendige Konstruktion des Gebäudes scheint den Zweck eines Jagdsitzes jedoch zu verfehlen. Noch weniger

Blick ins Murgetal

erfüllt sie die Bedingungen eines »Kastells«: Es fehlt der Festungsgraben, es fehlen die Schießscharten. Entgegen jeder Regel sind die Treppen der Türme linksdrehend, was das Emporklettern des (in der rechten Hand) bewaffneten Feindes begünstigen würde. Schließlich war die Lage selbst zu keiner Zeit von strategischem Interesse.

Eine Burg als »steinernes Buch«

Im Rahmen der jüngsten Restaurierungsarbeiten wurden auch die strengen geometrischen Regeln, die dem Bau zugrunde liegen, noch einmal genauer untersucht. Mathematik und Philosophie, erinnern wir uns, waren ursprünglich eins. Beide Wissenschaften bedienen sich der Astronomie, werden zur Astrologie. Unter einem solchen Aspekt ergab sich eine weitere Möglichkeit, das Castel del Monte zu verstehen – nämlich als ein »steinernes Buch«, das Aufschluß gibt über das mathematische und astrologische Wissen seiner Zeit. Das ihnen gleichzeitig huldigt, wie auch der Sonne, nach deren Lauf es sich orientiert. Die Burg als Tempel?

Das Kastell rückt somit in den Bereich der idealen Konstruktion, die keine praktischen Funktionen erfüllt. Aber auch das erklärt nicht alles. Mit Sicherheit hegte der Kaiser tatsächlich den Plan, hier – zumindest zeitweise – zu leben: Hätte er sonst an die Einrichtung von profanen sanitären Anlagen gedacht?

Das Castel del Monte verstehen zu wollen, bedeutet für mich dreierlei:

- sich auf den Ort und das Gebäude einzulassen, seine Wirkung aufzunehmen;
- sich die Geschichte Friedrichs II. und seine einzigartige Persönlichkeit zu vergegenwärtigen und
- die Regeln und Symbole zu studieren, welche die »esoterische Komponente« der Burg ausmachen.

Friedrich II., der stupor mundi

Der Kaiser, der Fragen stellt, der in faustischer Manier begreifen will, »was die Welt im Innersten zusammenhält«. Ein Mann auf der Suche nach Wahrheit. Daß er diese überall, bei sämtlichen Völkern und Kulturen, in jeder Religion, in allen Wissenschaften sich zu finden bemühte, macht ihn zum modernen Menschen. Daß er, der Zweifelnde und Suchende, gleichzeitig der starke und oft gnadenlose Herrscher sein mußte, läßt seine Seelenpein nur ahnen.

Seine Macht nutzte er, sich Wissen anzueignen: Der Hof des großen Staufers war, wie jener seiner normannischen Vorfahren in Palermo, ein Forum für östliche und westliche Gelehrte sowie Philosophen. Alles hörte er an und wägte es ab. Schließlich entschied er sich für das, was ihm am besten zur Erklärung der Welt dienen konnte. Die dogmatischen und unbeweisbaren Wahrheiten der katholischen Kirche genügten ihm nicht.

Ein Leben voller Widersprüche

An seinem vierzehnten Geburtstag, dem 26. Dezember 1208, begann die lange Zeit seiner Herrschaft. Im selben Jahr wurde er mit der wesentlich älteren Konstanze von Aragon verheiratet, die er aufrichtig liebte. Sie starb früh, wie er auch seine weiteren zwei Frauen in jungen Jahren beerdigen mußte. Sein privates Leben war so bewegt und intensiv wie sein politisches, und neben diesen beiden praktizierte er ein reges geistiges und spirituelles Leben, dem ich an dieser Stelle nachgehen möchte. Die Nachrichten, die wir darüber haben, sind nicht ganz frei von Widersprüchen, angefangen bei seinem Verhältnis zum Christentum.

Friedrich, der schon mit drei Jahren verwaiste, wuchs unter der formellen Obhut des Papstes heran.

Sein Zuhause waren die Straßen Palermos; zwischen Kirchen, Synagogen und Moscheen hatte er, um es modern auszudrücken, das Leben in der »multikulturellen Gesellschaft« von unten kennengelernt. Schon seine normannischen Vorfahren hatten in Palermo ein friedliches Zusammenleben verschiedener Kulturen gefördert. Noch wies die Stadt einen stark arabischen Charakter auf, denn die Zeit der Sarazenenherrschaft war noch gar nicht so lange her. Statt die entwickelte Kultur der blühenden Stadt zu vernichten, hatten die normannischen Herrscher ihr Reich darauf aufgebaut. In ihren berühmten Kathedralen gingen einheimische Künstler neben byzantinischen und arabischen Meistern ihrer Tätigkeit nach. In Palermo sprach man italienisch, griechisch, hebräisch und arabisch.

Immer auf der Suche nach Wissen

Friedrich verstand alle diese Sprachen. Sein Wissensdurst war groß. Er las, was er finden konnte, und fiel früh durch seine Kenntnisse und Redegewandtheit auf. Die Freiheit, die ihm aus der Vernachlässigung seiner Erziehung erwuchs, verstand er zu nutzen: Er sah sich genau um in jener bunten Welt des damaligen Palermo.

Wahrscheinlich hat sich ein moslemischer Imam-Philosoph seiner angenommen und ihn gelehrt, Fragen zu stellen. Friedrich war früh schon klargeworden, »vernünftig« zu denken und die eigene genaue Beobachtung zur Voraussetzung seines Denkens zu machen.

Mit 21 Jahren wurde er vom Mainzer Erzbischof Siegfrid vor dem Grabmal Karls des Großen in Aachen zum Kaiser gekrönt. Zu jener Zeit galt er als der größte weltliche Verteidiger der Kirche auf Erden, und er hielt sich auch selbst dafür.

So gläubig war er, daß er noch im selben Jahr dem damals sehr einflußreichen Zisterzienserorden beitrat. Obgleich er keinesfalls wie seine Mitbrüder fernab vom Weltgeschehen leben konnte, so teilte er mit ihnen doch die Überzeugung, daß ein Ziel des irdischen Lebens darin bestünde, die größtmögliche spirituelle Reife zu erlangen. Auch wenn er sich in der Folgezeit mit der katholischen Kirche und ihren päpstlichen Vertretern oft genug überwerfen sollte – seinem Orden blieb er zeitlebens treu, hielt engen Kontakt, besuchte die großen Zisterzienserklöster Mittelitaliens, deren stilistische Merkmale er in seinen Bauten kopierte.

Der Zwist mit dem Papst

Die Frage, ob der Papst als Oberhaupt der Kirche über ihm, dem weltlichen Herrscher, stehe, bestimmte die gesamte Dauer seiner Regierungszeit. Denn natürlich gingen päpstliche und kaiserliche Meinung diesbezüglich auseinander. Obwohl Friedrich sich zunächst redlich bemühte, mit der Kirche und den jeweiligen Päpsten gut auszukommen, war er diesen doch bald schon zu groß geworden. Speziell Gregor IX. hatte nur auf eine Gelegenheit gewartet, Friedrich zu exkommunizieren: So nahm er die Verzögerung seines Kreuzzugs zum Anlaß, dem Kaiser seinen Segen zu entziehen, und mehr noch, ihn als »Antichristen« darzustellen, als der er unter den vielen anderen Betitelungen in die Geschichte eingehen sollte. Daß Friedrich einen triftigen Grund hatte, nämlich eine Epidemie, die unter seinem Heer wütete, von der er selbst nicht verschont blieb und der sogar sein Freund, der Landgraf von Thüringen, erlegen war, das interessierte den Papst nicht.

Friedrich negierte die Exkommunizierung einfach – schon sein Großvater Barbarossa hatte damit zu leben gelernt – und machte sich trotzdem auf nach Jerusalem, die Heilige Stadt zu befreien. Dies gelang ihm wiederum auf recht unorthodoxe Weise, ohne jedes Blutvergießen: Er erreichte sein Ziel durch geschickte Verhandlungen mit dem ägyptischen Sultan al-Kamil. Jerusalem befand sich ohne-

Rechte Seite: Fenster zum Hof

hin in verwahrlostem Zustand; die Heiligtümer des Islam verblieben weiterhin in den Händen der Muslime, so daß der Sultan leicht überzeugt werden konnte, die Orte christlichen Glaubens auf die Dauer von zehn Jahren, zehn Monaten, zehn Wochen und zehn Tagen dem europäischen Kaiser abzutreten. Seit seiner Hochzeit mit der vierzehnjährigen Jolanda von Brienne trug Friedrich ja ohnehin bereits den Titel des Königs von Jerusalem, und er legte ihn auch nach ihrem frühen Tod nicht ab. Indem er sich schließlich am Heiligen Grab die Krone aufsetzte, bestätigte er in diesem sichtbaren Akt seine Unabhängigkeit vom Papst und seine persönliche Bindung zu Gott, dem allein er unterstand und dienen wollte. Seine kaiserliche Souveränität zeigte er schließlich in dem globalen Gesetzeswerk, den Costitutiones di Melfi, die er für sein sizilianisches Inselreich entwickeln ließ. Nach Gott gab es allein den Kaiser, der auf Erden Recht sprach – im direkten göttlichen Auftrag. Für Papst und Kirche blieb kein Platz.

Nach Gott kam der Kaiser

Daß Friedrich darüber hinaus nach Gott und dem Göttlichen suchte, zeigt sein Interesse an den anderen großen Religionen seiner Zeit, dem Judentum und dem Islam. Mit seinen Fragen wandte er sich an geistliche Führer und Vertreter aller Religionen: an den marokkanischen Kalifen Ibn Sabin, an den ägyptischen Sultan al-Kamil, an den jüdischen Gelehrten Judah ben Salomon, den er aus Spanien an seinen Hof rief.

Seine Fragen bezogen sich auf die Unsterblichkeit der Seele, das Weiterleben nach dem Tod und die ehernen Gesetze der Natur. Religion, Philosophie, Mathematik, Geometrie, Astrologie und Astronomie waren ihm eins. Jede Religion und jede Disziplin war gut, wenn sie ihm nur erklären konnte, wonach er als Antwort suchte.

Seine Fragen entwickelte er meist aus der genauen

Beobachtung der Natur. Im besonderen interessierte ihn die Welt der Vögel. Der Falke war kaiserliches Symbol, und Falken waren zugleich seine ständigen Begleiter. Er benutzte sie zur Jagd, darüber hinaus sollten sie zum Gegenstand seiner intensiven Naturbetrachtung werden. Sein Werk De arte venandi cum avibus ist die erste systematische Tierstudie überhaupt, und es heißt, daß ihre Genauigkeit erst durch die moderne Verhaltensforschung eines Konrad Lorenz überboten wurde. Es mag erstaunen und vielleicht enttäuschen, daß der große Kaiser Friedrich II. gerade dieser Thematik so viel Bedeutung beigemessen hat, daß er sie zeitlebens kultivierte, studierte und schließlich sogar schriftlich abhandelte. Für Friedrich gab es in der Tat keinen Unterschied zwischen »wesentlichen« und »unwesentlichen« Themen und Fragen. Für alles mußte es eine vernünftige Erklärung geben, und wenn sie im Bereich des Aberglaubens zu suchen war.

Fragen über Fragen

»Warum scheint ein Stock, der senkrecht aus dem Wasser ragt, im Spiegelbild geneigt? Wo liegen Himmel, Hölle, Fegefeuer? Kann eine Seele aus dem Jenseits zurückkehren? Wie weit ist es von der Turmspitze bis zum Himmel?«

Daß allem Irdischen eine tiefe, vom Menschen (noch) unerkannte Regel und Wahrheit innewohnte, war nicht nur seine persönliche Überzeugung, sondern auch die seiner Zeit. Daß diese Wahrheit in den Dingen, mehr aber noch das menschliche Streben nach Erkenntnis selbst göttlich sei, bestätigte ihm sein jahrelanger Begleiter Michael Scotus, Leibarzt, Astrologe, Magier, Philosoph:

»Wenn man fragt, wo der Gott der Götter, der Herr der Mächtigen des irdischen und himmlischen Universums sich aufhalte, dann antworten wir, daß er potentiell allgegenwärtig ist, aber in der Sphäre des Geistes am stärksten präsent ist.«

Der schottische Astrologe war Katholik und hatte selbst lange am Hof des Papstes »gearbeitet«. Er sah seine Aufgabe darin, die Schöpfung zu definieren. Des Rätsels Lösung lag in den Sternen: Sie erklärten alles Sein und vor allen Dingen das individuelle menschliche Schicksal; sie entschlüsselten die Zukunft. Und so befragte er sie, wenn große Entscheidungen für den Kaiser anstanden. Zu welcher Stunde ein Nachfolger zu zeugen, ob ein Krieg jetzt oder später zu führen sei: »Ich begann, wie gewöhnlich, den Herrn des Aszendenten für den Kaiser zu suchen und den Herrn des Siebten Hauses für die feindliche Seite, auf eine Weise, daß ich aus ihren Positionen der Zeichen und in der Figur ersehen konnte, wie der Ausgang für den Kaiser und seine Feinde sein würde.«

Friedrichs Aszendent war der mächtige Mars, das Siebte Haus des Gegners stand unter der schwachen Venus – so stand fest, daß die Feinde (in diesem Fall die Langobarden) dem Kaiser unterliegen würden. Was das Ende des Kaisers anbetraf, so hatte Michael Scotus auch vorausgesehen, daß Friedrich an einem Ort sterben würde, dessen Name von dem der Blume (flora) abgeleitet sei. Friedrich mied zeitlebens Florenz – 1256 starb er dann im apulischen Castiglion Fiorentino.

Das Kastell »lesen«

Das Castel del Monte als Tempel zu verstehen bedeutet, seinem esoterischen Gehalt auf die Spur zu kommen. Die Spur führt hier in die Bereiche der Mathematik (Geometrie) und der Astronomie (Astrologie) – zwei Wissenschaften, mit deren Hilfe seinerzeit versucht wurde, die natürlichen beziehungsweise göttlichen Gesetze, denen alles Sein unterliegt, zu verstehen und solchermaßen unter dem Aspekt der Philosophie zu betrachteten.

Am Anfang war die Zahl. Vier ist die Zahl der Erde. Denn die Erde ist ein Quadrat, mit je vier Seiten und Himmelsrichtungen. Der Himmel hingegen ist unendlich, eine Kuppel, ein Kreis. Die Erde ist schwer, der Himmel leicht. Aus Quadrat und Kreis bestehen die muslimischen Moscheen – unten der Kubus, die Erde, darüber die Halbkugel, der Himmel.

Quadrat und Kreis sind die Grundlagen des Achtecks, das sich aus ihnen bilden läßt. Man setzt den Zirkel in den Mittelpunkt des Quadrats (leicht zu bilden auf dem Schnittpunkt seiner Diagonalen) und zieht einen Kreis, der gerade so groß ist, daß er an die Seiten des Quadrats heranreicht. Verbindet man nun diese Punkte mit den Stellen, an denen die Diagonalen des Quadrats den Kreis durchschneiden, entsteht – ein Achteck.

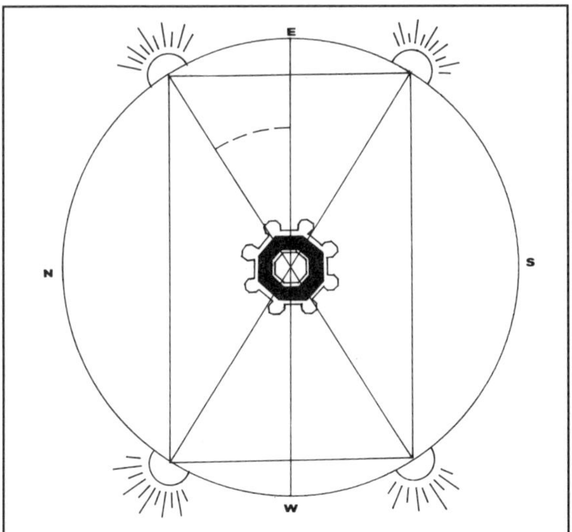

Grundriß des Castel del Monte

Durchgang mit Korallschotter

Der Grundriß des Kastells ergibt sich so aus Quadrat und Kreis, aus der Synthese von Irdischem und Himmlischem, Menschlichem und Göttlichem. Und wenn in der Symbolik der Alten, wie wir bereits gesehen haben, die Erde weiblich und der Himmel männlich war, so liegt dem Achteck, in dem die Formen sich zu einer neuen mischen, die Idee der Vereinigung der Geschlechter zugrunde.

Dem Achteck kommt also, wie dem Viereck und dem Kreis, eine hohe symbolische Bedeutung zu. Die Verwendung dieser mathematischen »Metaphern« zur Errichtung sakraler Bauten stammt aus dem Orient. Wahrscheinlich inspirierten Friedrich nicht nur die Moscheen, sondern insbesondere der Felsendom Qubbat as-Sahra von Jerusalem, der im 8. Jahrhundert vom Kalifen Abd al-Malik an der Stelle des Salomonschen Tempels erbaut wurde. Eingehend hatte er ihn auf seinem Kreuzzug »studiert«.

Die Symbolik der Zahl Acht, die dem Kastell del Monte zugrunde liegt, ist nur ein Indiz dafür, daß es als ideales, symbolisches und sakrales Bauwerk – nennen wir es Tempel – geplant wurde. Desgleichen spricht seine Ausrichtung nach Osten dafür, dem das Portal eindeutig zugewandt ist. Orientierung – Ausrichtung nach dem Osten, dem Sonnenaufgang und Heiligen Land zugleich, finden wir bei den griechischen Tempeln, den islamischen Moscheen, den jüdischen Synagogen und natürlich beim christlichen Kirchenbau. Sie stellt eines der wesentlichen Merkmale kultischer Bauten des Abendlands dar. Dazu kommt, im Falle des Castel del Monte, die Einbeziehung der Sonnenbahn.

Ausrichtung nach Osten

Die Sonne ist in der Mythologie und im allgemeinen symbolischen Verständnis männlich. (Im Gegensatz zum weiblichen Mond. Nur im Deutschen führt die Sonne den weiblichen Artikel, der Mond den männlichen.) Die Alten huldigten der Sonne als dem göttlichen Vater, der Erde als der mütterlichen Gottheit.

An den Tagen der Sonnenwende – den wichtigsten Kulttagen der alten Völker – würde der Schatten eines senkrecht in die Erde gesteckten Stabes in den zwei Stunden des höchsten Sonnenstandes (von 11 bis 13 Uhr) eine Strecke zurücklegen, die einen Winkel von 45 Grad bildet und die damit der Seite eines Achtecks entspricht. Das heißt, an jenen besonderen Tagen läßt sich mit Hilfe der Sonne selbst die Form des Kastells auf die Erde zeichnen. Der Bahn der Sonne folgt auch der Verlauf der Säle des Kastells.

Detail des Portals

Die einzigen Räume, die sich nicht durchqueren lassen, sondern zur Umkehr zwingen, weisen in die Richtung des Sonnenaufgangs zum Zeitpunkt der Sonnenwende.

Gleichzeitig ergibt sich an jenen Tagen – dies alles nur auf dem Breitengrad des Kastells – eine weitere magische Zahl: die des Sectio Aurea, des »Goldenen Schnittes«, der »göttlichen Proportion«. Wie das griechische Pi ist die Sectio Aurea eine feststehende Zahl, nämlich 1,618, die schon Euklid und Pythagoras in ihre Überlegungen einbezogen. Sie bezeichnet das harmonische Verhältnis, das unter anderem auch dem wohlproportinierten menschlichen Körper zugrunde liegt. So ergibt die Strecke vom Bauchnabel zu den Füßen, multipliziert mit 1,618, die gesamte Körpergröße; die Distanz vom Ellbogen bis zu den Fingerspitzen, mal 1,618 genommen, die volle Länge des Armes, während sich die Beinlänge aus der Entfernung von der Hüfte zum Knie mal 1,618 errechnen läßt.

Mit diesen Werten arbeitete Leonardo da Vinci, der die Maßverhältnisse des menschlichen Körpers analysierte, bevor er ihn malte. An vielen großen Kultstätten treffen wir auf den Goldenen Schnitt: der ägyptischen Cheops-Pyramide, den Kreisen der Steine von Stonehenge, der Kathedrale von Chartres und in der romanischen Kirchenarchitektur. Im Falle des Castel del Monte spielt der Goldene Schnitt gleich eine doppelte Rolle: Nimmt man das Kastell zum Mittelpunkt, von dem aus die Punkte am Horizont fixiert werden, wo die Sonne an den Tagen der Sonnenwende auf- oder untergeht, und verbindet man die Punkte untereinander, so ergibt sich daraus ein Rechteck, dessen Seite im »goldenen« Verhältnis von 1 zu 1,618 zueinander stehen. In seiner Mitte liegt das Kastell, dessen Räume wiederum im Verhältnis der magischen Zahl angeordnet sind. Zu den Seiten zweier imaginärer Rechtecke, die über das Schema des Achtecks im rechten Winkel gelegt werden können – und deren Seiten wiederum im Verhältnis 1 zu 1,618 zueinander stehen –, steht jede der Saalbreiten des Kastells im Verhältnis 1,618, 2,618 (1,6182) oder 4,236 (1,6183).

Die magische Zahl

Doch nicht nur an den Tagen der Sonnenwende wird der Lauf der Sonne für das Kastell bedeutend, seine Konstruktion trägt auch dem Wechsel der Sternzeichen Rechnung. Immer dann, wenn die Sonne in ein neues Sternzeichen tritt, erreicht ihr Schatten in der Mittagsstunde ein besonderes Strukturelement des Gebäudes, wobei ein Marmorbecken, das ursprünglich in der Mitte des Hofs stand, eine große Rolle spielte.

Doch Wasser gab es nicht nur dort. Auf fünf der acht Türme befinden sich Zisternen, die das Regenwasser speicherten. Wozu? In fünf der insgesamt sechzehn Räume gibt (gab) es offene Kamine – zu wenig, um die allen Winden ausgesetzte kalte Burg erwärmen zu können. Auf symbolischer Ebene wiederum ergibt sich ein Sinn, wenn man auf einem Grundriß die Zisternen (Element Wasser) und die Kamine (Element Feuer) miteinander verbindet. Denn dann entsteht jeweils die Form eines fünfzakkigen Sterns. Der fünfzackige Stern kann auch über das Portal gelegt werden: Dann berühren die einzelnen Zacken präzise die beidseitigen Säulenfundamente und die Spitze des Tympanons, während die beiden seitlichen Zacken genau auf der Höhe der Säulenenden hervortreten. Der geometrischen Figur des fünfzackigen Sterns liegt wieder die magische Zahl 1,618 zugrunde und damit das Verhältnis des menschlichen Körpers. In der Symbolik der Esoterik bezeichnet der fünfzackige Stern deshalb den Menschen als Mikrokosmos: Daß der Kosmos auf den Menschen und sein individuelles Schicksal einwirkt, wird nirgends sichtbarer als darin, daß der Mensch selbst, mit gespreizten Beinen und ausgestreckten Armen, das heißt im Zustand seiner maximalen Ausstreckung, mit der geometrischen Form des fünfzackigen Sterns korrespondiert.

Vielleicht ist es das, was Friedrich II. uns mit der Konstruktion des Castel del Monte als sein Vermächtnis hinterließ: daß eine Architektur, die sich am Kosmos orientiert und die älteste aller Gottheiten, die Sonne, zum Baumeister nimmt, immer »human« bleibt. Daß Harmonie da entsteht, wo menschliches Schaffen in Einklang gebracht wird mit der göttlichen Harmonie des Kosmos.

Dank

Ich danke allen, die mir mit sachdienlichen Hinweisen weitergeholfen haben. Dies gilt insbesondere für Vittorio Dini, Vermiglio Ricci und den Archeoclub von Cupra Marittima, Tullio Uncini und Pacifico Priori aus Cupra Montana, Enzo Spinuso aus Sizilien.

Literaturverzeichnis

Dini, Vittorio: Il potere delle antiche madri. Fecondità e culti delle acque. Turin 1980
Goethe, Johann Wolfgang von: Italienische Reise. München 1982
Gregorovius, Ferdinand: Wanderjahre in Italien. München 1986
Hesse, Hermann: Italien. Frankfurt/Main 1983
Heurgon, Jacques: Il mediterraneo occidentale dalla preistoria a Roma archaica. Bari 1972
Homer: Odyssee. Stuttgart 1979
Keller, Werner: Die Etrusker. Denn sie entzündeten das Licht. München 1970
Lebe, Reinhard: Als Markus nach Venedig kam. Frankfurt/Main 1980
Montaigne, Michel de: Tagebuch einer Reise durch Italien. Frankfurt/Main 1988
Rocchi, Giovanni: Il cippo di cupra e il suo tempo. Monsampietro Morico (AP) 1992
Salvatorelli, Luigi: Vita di San Francesco d'Assisi. Turin 1973
Sangiorgi, Geremia: Santa Prisca e il suo Mitreo. Rom 1968
Santorelli, Giuseppe: Tradizione e leggende Lauretane. Loreto 1990
Stern, Horst: Mann aus Apulien. München 1986
Tavolaro, Aldo: Astronomia e geometria nella architettura di Castel del Monte. Bari 1991

Register

MAGISCH REISEN

Mit dem Herzen die Welt erleben
und zu sich selbst finden

Ägypten (12281) von Bernd A. Mertz
Bretagne (13019) von Franjo Terhart
Deutschland (12284) von David Luczyn
England (12296) von Klausbernd Vollmer
Frankreich (12287) von Gilbert Altenbach und Boune Legrais
Glastonbury (12289) von Dion Fortune
Griechenland (12282) von Bernd A. Mertz
Griechische Inseln (12295) von Anne Tappe
Indien (12286) von Wulfing von Rohr
Irland (12292) von Sabine Korte und Matthias Weigold
Italien (13022) von Stefanie Risse
Nordamerika (12285) von Natasha Peterson
Österreich (12290) von Christine Cerny
Der Pilgerweg nach Compostela
(12299) von Louis Charpentier
Portugal (12294) von Safi Nidiaye
Schweiz (12298) von Pirmin Meier
Spanien (13021) von Carmen Rohrbach
Toskana (12291) von Stefanie Risse
Türkei (12280) von Anne Tappe

GOLDMANN VERLAG